독자의 1초를 아껴주는 정성!

세상이 아무리 바쁘게 돌아가더라도
책까지 아무렇게나 빨리 만들 수는 없습니다.
인스턴트 식품 같은 책보다는
오래 익힌 술이나 장맛이 밴 책을 만들고 싶습니다.

길벗이지톡은 독자여러분이
우리를 믿는다고 할 때 가장 행복합니다.
나를 아껴주는 어학도서,
길벗이지톡의 책을 만나보십시오.

독자의 1초를 아껴주는

정성을 만나보십시오.

미리 책을 읽고 따라해본 2만 베타테스터 여러분과
무따기 체험단, 길벗스쿨 엄마 2% 기획단,
시나공 평가단, 토익 배틀, 대학생 기자단까지!
믿을 수 있는 책을 함께 만들어주신 독자 여러분께 감사드립니다.

홈페이지의 '독자마당'에 오시면
책을 함께 만들 수 있습니다.

(주)도서출판 길벗 www.gilbut.co.kr
길벗 이지톡 www.eztok.co.kr
길벗 스쿨 www.gilbutschool.co.kr

30장면으로 끝내는
스크린 영어회화

Disney
미녀와 야수

스크린 영어회화 – 미녀와 야수
Screen English - Beauty and the Beast

초판 1쇄 발행 · 2017년 4월 15일
초판 2쇄 발행 · 2017년 9월 29일

해설 · 라이언 강
발행인 · 김경숙
발행처 · 길벗이지톡
출판사 등록일 · 2000년 4월 14일
주소 · 서울시 마포구 월드컵로 10길 56(서교동)
대표 전화 · 02)332-0931 | **팩스** · 02)323-0586
홈페이지 · www.eztok.co.kr | **이메일** · eztok@gilbut.co.kr

기획 및 책임 편집 · 신혜원 (madonna@gilbut.co.kr) | **디자인** · 최주연 | **제작** · 이준호, 손일순
영업마케팅 · 박성용, 김학흥 | **웹마케팅** · 최소영 | **영업관리** · 심선숙 | **독자지원** · 송혜란

편집진행 및 교정 · 오수민 | **전산편집** · 조영라 | **오디오 녹음 및 편집** · 와이알 미디어
CTP 출력 · 예림인쇄 | **인쇄** · 예림인쇄 | **제본** · 경문제책

▶ 잘못된 책은 구입한 서점에서 바꿔 드립니다.
▶ 이 책에 실린 모든 내용, 디자인, 이미지, 편집 구성의 저작권은 길벗이지톡과 지은이에게 있습니다.
　허락 없이 복제하거나 다른 매체에 옮겨 실을 수 없습니다.

ISBN 979-11-5924-104-8 03740 (길벗 도서번호 000944)

▶ 이 도서의 국립중앙도서관 출판예정도서목록(CIP)은 서지정보유통지원시스템 홈페이지(http://seoji.nl.go.kr)와
　국가자료공동목록시스템(http://www.nl.go.kr/kolisnet)에서 이용하실 수 있습니다. (CIP제어번호: CIP2017005935)

정가 18,000원

독자의 1초를 아껴주는 정성 길벗출판사

(주)도서출판 길벗 | IT실용, IT/일반 수험서, 경제경영, 취미실용, 인문교양(더퀘스트) www.gilbut.co.kr
길벗이지톡 | 어학단행본, 어학수험서 www.eztok.co.kr
길벗스쿨 | 국어학습, 수학학습, 어린이교양, 주니어 어학학습, 교과서 www.gilbutschool.co.kr

페이스북 · www.facebook.com/gilbutzigy
트위터 · www.twitter.com/gilbutzigy

30장면으로 끝내는

스크린 영어회화

Disney
미녀와 야수

해설 라이언 강

길벗
이지:톡

재미와 효과를 동시에 잡는 최고의 영어 학습법!
30장면만 익히면 영어 왕초보도 영화 주인공처럼 말한다!

재미와 효과를 동시에 잡는 최고의 영어 학습법!

영화로 영어 공부를 하는 것은 이미 많은 영어 고수들에게 검증된 학습법이자, 많은 이들이 입을 모아 추천하는 학습법입니다. 영화가 보장하는 재미는 기본이고, 구어체의 생생한 영어 표현과 자연스러운 발음까지 익힐 수 있기 때문이죠. 잘만 활용한다면, 원어민 과외나 학원 없이도 살아있는 영어를 익힐 수 있는 최고의 학습법입니다. 영어 공부가 지루하게만 느껴진다면 비싼 학원을 끊어놓고 효과를 보지 못했다면, 재미와 실력을 동시에 잡을 수 있는 영화로 영어 공부에 도전해보세요!

영어 학습을 위한 최적의 영화 장르, 애니메이션!

영화로 영어를 공부하기로 했다면 영화 장르를 골라야 합니다. 어떤 영화로 영어 공부를 하는 것이 좋을까요? 슬랭과 욕설이 많이 나오는 영화는 영어 학습에는 별로 도움이 되지 않습니다. 실생활에서 자주 쓰지 않는 용어가 많이 나오는 의학 영화나 법정 영화, SF영화도 마찬가지죠. 영어 고수들이 추천하는 장르는 애니메이션입니다. 애니메이션에는 문장 구조가 복잡하지 않으면서 실용적인 영어 표현이 많이 나옵니다. 또한 성우들의 깨끗한 발음으로 더빙 되어있기 때문에 발음 훈련에도 도움이 되죠. 이 책은 디즈니 애니메이션의 황금기를 이끈 〈미녀와 야수〉의 대본을 소스로, 현지에서 사용하는 신선한 표현을 배울 수 있습니다.

전체 대본을 공부할 필요 없다! 딱 30장면만 공략한다!

영화 대본도 구해놓고 영화도 준비해놨는데 막상 시작하려니 어떻게 공부를 해야 할 지 막막하다고요? 영화를 통해 영어 공부를 시도하는 사람은 많지만 좋은 결과를 봤다는 사람을 찾기는 쉽지 않습니다. 어떻게 해야 효과적으로 영어를 공부할 수 있을까요? 무조건 많은 영화를 보면 될까요? 아니면 무조건 대본만 달달달 외우면 될까요? 이 책은 시간 대비 최대 효과를 볼 수 있는 학습법을 제시합니다. 전체 영화에서 가장 실용적인 표현이 많이 나오는 30장면을 뽑았습니다. 실용적인 표현이 많이 나오는 대표 장면 30개만 공부해도, 훨씬 적은 노력으로 전체 대본을 학습하는 것만큼의 효과를 얻을 수 있죠. 또한 이 책의 3단계 훈련은 30장면 속 표현을 효과적으로 익히고 활용하는 데 도움을 줍니다. ❶ 핵심 표현 설명을 읽으며 표현에 대한 전반적인 이해를 하고 ❷ 패턴으로 표현을 확장하는 연습을 하고 ❸ 확인학습으로 익힌 표현들을 되짚으며 영화 속 표현을 확실히 익히는 것이죠. 유용한 표현이 가득한 30장면과 체계적인 3단계 훈련으로 영화 속 표현들을 내 것으로 만드세요!

이 책은 스크립트 북과 워크북, 전 2권으로 구성되어 있습니다. 이 책은 스크립트 북으로 전체 대본과 번역, 주요
단어와 표현 설명이 포함되어 있습니다. 각 Day마다 가장 실용적인 표현이 많이 나오는 장면이 표시되어 있습니다.
이 장면을 워크북에서 집중 훈련합니다.

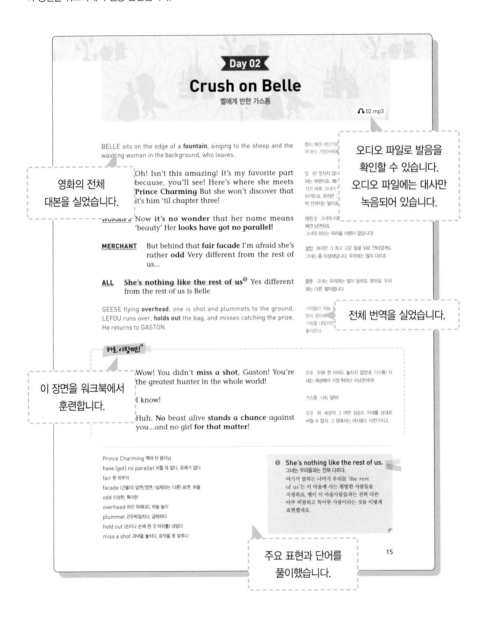

영화의 전체
대본을 실었습니다.

오디오 파일로 발음을
확인할 수 있습니다.
오디오 파일에는 대사만
녹음되어 있습니다.

전체 번역을 실었습니다.

이 장면을 워크북에서
훈련합니다.

주요 표현과 단어를
풀이했습니다.

Day 02

Crush on Belle

벨에게 반한 가스통

🎧 02.mp3

BELLE sits on the edge of a **fountain**, singing to the sheep and the washing woman in the background, who leaves.

　　Oh! Isn't this amazing! It's my favorite part because, you'll see! Here's where she meets **Prince Charming** But she won't discover that it's him 'til chapter three!

WOMAN 5　Now **it's no wonder** that her name means 'beauty' Her **looks have got no parallel**!

MERCHANT　But behind that **fair facade** I'm afraid she's rather **odd** Very different from the rest of us...

ALL　　She's nothing like the rest of us❶ Yes different from the rest of us is Belle

GEESE flying **overhead**, one is shot and plummets to the ground. LEFOU runs over, **holds out** the bag, and misses catching the prize. He returns to GASTON.

바로 이 장면!

　　Wow! You didn't **miss a shot**, Gaston! You're the greatest hunter in the whole world!

　　I know!

　　Huh. No beast alive **stands a chance** against you...and no girl **for that matter**!

Prince Charming 백마 탄 왕자님
have (got) no parallel 비할 데 없다, 유례가 없다
fair 흰 피부의
facade (건물의) 앞면/정면, (실제와는 다른) 표면, 허울
odd 이상한, 특이한
overhead 머리 위에(로), 하늘 높이
plummet 곤두박질치다, 급락하다
hold out (손이나 손에 쥔 것 따위를) 내밀다
miss a shot 과녁을 놓치다, 표적을 못 맞추다

❶ **She's nothing like the rest of us.**
그녀는 우리들과는 전혀 다르다.
여기서 말하는 나머지 우리들 'the rest
of us'는 이 마을에 사는 평범한 사람들을
지칭하죠. 벨이 이 마을사람들과는 전혀 다른
아주 비범하고 특이한 사람이라는 것을 이렇게
표현했네요.

15

벨 Belle

책을 좋아하는 지적이고 당찬 아가씨로 동네 사람들의 사랑과 시기를 동시에 받는다. 아버지를 대신해서 야수의 포로가 되었다가 그의 진실한 마음에 반해 사랑에 빠지게 된다.

야수 Beast

사람들로부터 고립된 성에 살고 있는 왕자. 이기적이고 차가운 마음 때문에 마녀의 노여움을 사 야수로 변하는 마법에 걸리지만, 벨을 만나 사랑에 눈을 뜨게 된다.

가스통 Gaston

마을에서 가장 힘이 세고 거친 성격의 사냥꾼. 자신에게 어울리는 여자는 벨 밖에 없다고 생각하며 끊임없이 구애하지만, 벨은 전혀 관심을 주지 않는다.

르푸 Lefou

가스통과 항상 함께 다니는 친구. 자신과 다르게 멋있고 남자다운 가스통을 동경하며 따른다.

뤼미에르 Lumiere

원래는 성에서 손님 접대를 맡다가 마법에 걸려 장식용 촛대로 변했다.

콕스워스 Cogsworth

원래는 성의 집사였지만 마법에 걸려 시계로 변했다.

Day 01 Once Upon a Time, in a Faraway Land...   ···· 10
옛날 옛날에 저 멀고 먼 나라에…

Day 02 A Crush on Belle   ···· 15
벨에게 반한 가스통

Day 03 Papa, the Inventor   ···· 19
아빠는 발명가

Day 04 Maurice in the Castle   ···· 25
성안에 들어간 모리스

Day 05 An Unwelcomed Guest   ···· 29
반갑지 않은 손님

Day 06 Delusional Gaston   ···· 33
망상에 사로잡힌 가스통

Day 07 After the Big Question   ···· 38
프러포즈가 끝난 후

Day 08 Belle in the Castle of the Beast   ···· 40
야수의 성으로 간 벨

Day 09 The Forbidden West Wing   ···· 45
금지 구역 서관

Day 10 Dejected Gaston   ···· 50
실의에 빠진 가스통

Day 11 A Horrible, Monstrous Beast   ···· 54
무시무시한 괴물 같은 야수

Day 12 Belle in an Enchanted Castle   ···· 57
마법의 성에 온 벨

Day 13 The One to Break the Spell   ···· 62
마법을 풀어 줄 사람

Day 14 Hopeless Monster   ···· 66
희망 없는 야수

Day 15 Be Our Guest!   ···· 70
우리의 손님이 되어 주세요!

Contents

Day 16 **Good Old Days** · · · · 75
즐거웠던 옛 시절

Day 17 **The Tour of the Enchanted Castle** · · · · 78
마법의 성 구경

Day 18 **Curious Belle** · · · · 80
호기심 많은 벨

Day 19 **The Fight Against the Wolves** · · · · 85
늑대들과의 난투

Day 20 **Despicable Gaston** · · · · 89
야비한 가스통

Day 21 **A Surprise Gift** · · · · 91
놀라운 선물

Day 22 **Coming Together as One** · · · · 96
둘이 하나가 되는 것

Day 23 **Tonight Is the Night!** · · · · 102
오늘 밤이 바로 그날이에요!

Day 24 **Free at Last** · · · · 108
드디어 자유의 몸

Day 25 **Loving Him in Return** · · · · 113
그의 사랑에 대해 화답하는 사랑

Day 26 **One Little Word** · · · · 115
짧은 한마디 말

Day 27 **Gaston Leading the Mob** · · · · 119
폭도들을 이끄는 가스통

Day 28 **Encroachers** · · · · 123
침략자들

Day 29 **One Last Time** · · · · 127
마지막으로 한 번 더

Day 30 **Ah, L'amour!** · · · · 130
아, 사랑!

Once Upon a Time, in a Faraway Land...

옛날 옛날에 저 멀고 먼 나라에…

🎧 01.mp3

NARRATOR Once upon a time, in a **faraway land**, a young prince lived in a shining castle. Although he had everything his heart desired, the prince was spoiled, selfish, and unkind. But then, one winter's night, an old beggar woman came to the castle and offered him a single rose **in return for shelter** from the bitter cold. **Repulsed** by her **haggard** appearance, the prince **sneered at** the gift and turned the old woman away, but she warned him not to be **deceived** by appearances, for beauty is found within.

And when he **dismissed** her again, the old woman's ugliness **melted away** to reveal a beautiful **enchantress**. The prince tried to apologize, but it was too late, for she had seen that there was no love in his heart, and as punishment, she transformed him into a **hideous** beast, and placed a powerful **spell** on the castle, and all who lived there.

Ashamed of his **monstrous** form, the beast concealed himself inside his castle, with a magic mirror as his only window to the outside world. The rose she had offered was truly an **enchanted** rose, which would bloom until his twenty-first year. If he could learn to love another, and earn her love in return by the time the last **petal** fell, then the spell would be broken.

내레이터 옛날 아주 멀고도 먼 나라에, 빛나는 성에 젊은 왕자가 살고 있었어요. 그는 그가 원하는 모든 것을 가졌지만, 버릇이 없고 이기적이고 사람들에게 아주 못되게 구는 왕자였답니다. 그러던 어느 겨울밤이었어요. 어떤 거지 노파가 성으로 찾아와 장미꽃 한 송이를 내밀며 밖이 너무 추우니 하룻밤만 묵고 갈 수 있게 해주면 그 답례로 장미를 주겠다고 했죠. 그녀의 행색이 초라하다고 생각한 왕자는 그 선물을 비웃으며 그녀를 쫓아내는데, 그 거지 노파는 왕자에게 경고합니다. 겉모습만 보고 속지 말라고 진정한 아름다움은 내면에 있는 거라고 말이죠.

그리고 그가 그녀를 다시 한번 쫓아내려 하던 바로 그 순간, 그녀의 추한 모습은 점점 사라지고 그녀는 너무나도 아름다운 마법사로 변합니다. 왕자는 뒤늦게 사과하려고 했지만 이미 너무 늦어버렸네요. 왜냐하면 그녀는 그의 마음속에 사랑이 없다는 것을 보고 말았으니까요. 그리고 이제 형벌로서, 그녀는 그를 무서운 모습의 야수로 변하게 하고 성안에 사는 모든 사람에게 아주 강력한 주문을 걸어놓았답니다.

괴물 같은 자신의 모습을 치욕스럽게 여긴 야수가 된 왕자는 성안에 숨어버렸고 마법의 거울을 통해서만 바깥세상을 볼 수 있게 되었답니다. 마녀가 주었던 장미는 정말로 강력한 마법에 걸린 장미인데 왕자가 거살이 될 때까지 꽃이 필 것이랍니다. 그런데 그가 만약 이 장미의 마지막 꽃잎이 떨어지기 전에 누군가를 진정으로 사랑하게 되고 그 여인의 사랑을 받게 된다면 이 마법에서 풀려나올 수 있답니다.

---

faraway land 먼 나라

in return for ~와 맞바꾸어, ~의 대가로

shelter (날씨, 공격으로부터의) 피신처, 대피처, 쉼터

repulse 구역질 나게 하다, 혐오감을 주다

haggard 초췌한, 여윈

sneer at ~을 비웃다

deceive 속이다, 기만하다

dismiss (고려할 가치가 없다고) 묵살하다, 일축하다; 해고하다

melt away 차츰 사라지다

enchantress (이야기 속의) 여자 마법사

hideous 흉측한, 흉물스러운

spell 주술, 주문, 마법

ashamed of ~을 부끄러워하여, ~을 치욕으로 생각하여

monstrous 거대한, 무시무시하게 큰, 괴물 같은

enchanted 마법에 걸린

petal 꽃잎

If not, he would be **doomed** to remain a beast **for all time**. As the years passed, he fell into **despair**, and lost all hope, for who could ever learn to love a beast?

그렇지만 진정한 사랑을 하지 못할 경우에는 영원히 야수로 살아갈 운명을 맞이하게 됩니다. 이제 세월은 흘러. 그는 깊은 절망에 빠졌고 모든 희망을 잃었네요. 왜냐하면 세상에 야수를 사랑하게 될 사람이 있을 리가 없잖아요?

We have seen a **progression** of stained glass windows **illustrating** the **narration**, as well as BEAST **shredding** his **portrait**. The camera slowly **zooms out** from the castle and we see the title. **Fade up** on the home of BELLE. She exits the front door and begins her walk into town.

스테인드글라스에 내레이션을 표현하는 그림이 계속 진행되는 것과 함께 짐승이 자신의 초상화를 갈기갈기 찢는 모습이 보인다. 카메라가 성으로부터 천천히 멀어지면서 영화의 제목이 보인다. 벨이 사는 집의 모습이 점점 뚜렷해진다. 그녀가 앞문으로 나오면서 동네 쪽으로 걷기 시작한다.

BELLE	Little town, it's a quiet village. Every day, like the one before. Little town, full of **little people**. Waking up to say…	벨 작은 동네, 조용한 마을. 매일의 일상이 똑같은. 작은 동네, 평범한 사람들만 모여 사는 그들은. 이런 말을 하며 일어나지.
TOWNSFOLK 1	**Bonjour!**	마을 사람 1 좋은 아침!
TOWNSFOLK 2	Bonjour!	마을 사람 2 좋은 아침!
TOWNSFOLK 3	Bonjour!	마을 사람 3 좋은 아침!
TOWNSFOLK 4	Bonjour!	마을 사람 4 좋은 아침!
TOWNSFOLK 5	Bonjour!	마을 사람 5 좋은 아침!
BELLE	**There goes** the baker with his tray like always. The same old bread and rolls to sell. Every morning just the same. Since the morning that we came. To this poor **provincial** town…	벨 저기 늘 그렇듯이 빵집 아저씨가 그의 쟁반을 들고 가네. 늘 똑같은 빵과 롤빵을 팔러. 매일 아침 늘 똑같은. 우리가 온 처음 날 아침부터. 여기 가난한 시골 마을로.
BAKER	Good morning, Belle!	빵집 아저씨 좋은 아침, 벨

BELLE jumps over to the bakery.

벨이 빵집으로 뛰어들어간다.

---

doomed 불운한, 운이 다한, 끝장이 난

for all time 영원히, 영구히

despair 절망

progression 진행, 진전, 연속

illustrate (책 등에) 삽화를 넣다

narration (영화, 소설, 연극 등에서) 이야기를 진행(서술), 내레이션

shred 잘게 조각 내다, 갈가리 찢다

portrait 초상화, 인물사진

zoom out (줌렌즈를 써서 영상을) 급히 축소하다

fade up (화면이) 점점 뚜렷해지다; (음성이) 점점 커지다

little people 힘없는 사람들, 일반 대중들

Bonjour 〈프랑스어〉 안녕하세요

There goes something/someone 저기 ~가 간다

provincial (수도를 제외한) 지방의, 소도시의

바로 이장면!*

| BELLE | Morning **monsieur**! | 벨 좋은 아침이에요, 아저씨! |

BAKER   **Where are you off to?**❶   빵집 아저씨 어디 가니?

BELLE   The bookshop! I just finished the most wonderful story, about a **beanstalk** and an **ogre** and...   벨 책방에요! 콩나무와 괴물이 나오는 멋진 이야기를 방금 다 끝냈거든요.

BAKER   (Ignoring her) That's nice... Marie, the baguettes! Hurry up!!   빵집 아저씨 (그녀의 말에 별 신경 쓰지 않으며) 그래 잘했구나… 마리, 바게트! 서둘러!

TOWNSFOLK   Look! There she goes. That girl is so strange, **no question**! **Dazed** and **distracted**, can't you tell?   마을 사람 저기 봐! 그녀가 가네. 의심의 여지 없지! 그녀는 아주 독특하고 멍하고 산만하지. 딱 보면 모르겠소?

WOMAN 1   Never part of any crowd.   여자 1 그 어떤 사람들과도 다르지.

BARBER   Cause her **head's up on some cloud**.   이발사 왜냐면 그녀는 몽상가니까.

TOWNSFOLK   **No denying** she's a **funny** girl, that Belle!   마을 사람 그녀가 특이한 처녀라는 건 부정할 수가 없지, 바로 그 벨!

BELLE jumps on the back of a **wagon** and rides through town.   벨이 마차의 뒤쪽에 올라타고 마을을 돌아다닌다.

DRIVER   Bonjour!   운전사 좋은 아침!

WOMAN 2   Good day!   여자 2 좋은 날!

DRIVER   How is your family?   운전사 가족은 잘 지내요?

WOMAN 3   Bonjour!   여자 3 좋은 아침!

MERCHANT   Good day!   상인 좋은 날!

WOMAN 3   How is your wife?   여자 3 부인은 안녕하신가요?

---

monsieur 〈프랑스어〉 ~씨, ~님
beanstalk 강낭콩 줄기
ogre (이야기 속에 나오는) 아주 무서운 괴물
no question 의심의 여지 없이
dazed (충격을 받아서) 몽롱한, 멍한
distracted 정신이 산만한
head's up on some cloud 몽상에 젖어있는
No denying 부인할 여지가 없는, 부정할 수 없는
funny 웃기는, 희한한, 특이한

❶ **Where are you off to?**
어디 가니?
우리는 보통 '어디 가니?'라고 물을 때 Where are you going?이라고 많이 쓰잖아요. 그런데, 같은 경우에 구어체에서는 Where are you headed? 또는 Where are you off to?도 많이 쓰인답니다. Where are you off to?에서는 끝에 전치사 to가 붙는다는 것 잊지 마세요.

WOMAN 4 I need six eggs!

MAN 1 That's too expensive!

BELLE **There must be more than this provincial life!**[1]

BELLE enters the bookshop.

BOOKSELLER Ah, Belle!

BELLE Good morning. I've come to return the book I borrowed.

BOOKSELLER (Putting the book back on the **shelf**) Finished already?

BELLE Oh, I couldn't **put it down**! Have you got anything new?

BOOKSELLER (laughing) **Not since yesterday**.

BELLE (on ladder of bookshelf) That's all right. I'll borrow... this one.

BOOKSELLER That one? But you've read it twice!

BELLE Well it's my favorite! (BELLE swings off side of ladder, rolling down its track) Far off places, daring **swordfights**, magic spells, a prince **in disguise**!

BOOKSELLER (handing her the book) Well, if you like it all that much, it's yours!

BELLE But sir!

BOOKSELLER I **insist**!

여자 4 계란 여섯 알 주세요!

남자 1 너무 비싸요!

벨 분명 이런 지루한 삶보다는 뭔가 더 대단한 인생이 존재할 거야!

벨이 책방에 들어온다.

책방주인 아, 벨!

벨 좋은 아침이에요. 빌린 책 반납하러 왔어요.

책방주인 (책장에 책을 다시 꽂으며) 벌써 다 읽었니?

벨 오, 책을 내려놓을 수가 없더라고요! 새로 나온 책 있어요?

책방주인 (웃으며) 어제 이후로 새로 나온 건 없지.

벨 (책장 사다리에서) 괜찮아요. 그럼… 이걸로 빌릴게요.

책방주인 그거? 하지만 그건 벌써 두 번이나 읽었잖니!

벨 이게 제가 제일 좋아하는 책이거든요! (벨이 사다리의 옆 부분을 흔들고 선로를 타고 내려온다) 먼 곳들 이야기, 담대한 칼싸움들, 마법의 주문들, 변장한 왕자!

책방주인 (그녀에게 책을 건네주며) 흠, 네가 그렇게까지 이 책을 좋아한다면 말이지, 이것은 너의 것이다!

벨 하지만 아저씨!

책방주인 거절할 생각은 하지 마!

---

shelf 선반

put something down 내려놓다

Not since yesterday 어제 이후로는 없는/그렇지 않은

far off place 먼 곳

daring 대담한, 위험한

swordfight 칼싸움

in disguise 변장을 한

insist (~을 해야 한다고) 고집하다, 우기다

❶ **There must be more than this provincial life!** 분명 이런 지루한 삶보다는 뭔가 더 대단한 인생이 존재할 거야.
벨처럼 특별하고 비범한 아가씨에겐 작은 동네의 삶이 따분할 수 밖에 없겠죠. 이러한 상황처럼 '분명 뭔가 더 중요하고 멋진 것이 존재할 거야'라고 할 때 There must be more ~ 패턴을 사용합니다. 가장 흔히 쓰이는 문장은 There must be more to life than this. (분명 인생에는 이것보다 뭔가 더 대단한 게 있을 거야.)이지요.

<u>BELLE</u>	Well thank you. Thank you very much! (leaves bookshop)	벨 오 이런, 감사해요, 정말 감사해요! (책방을 나온다)
<u>MEN</u>	(looking in window, then turning to watch her) Look there she goes That girl is so **peculiar**! I wonder if she's **feeling well**!	남자들 (창문을 들여다보다가 돌아서 다시 그녀를 본다) 저기 그녀가 가네 그녀는 정말 독특하지! 그녀가 제정신인 건지 궁금하네!
<u>WOMEN</u>	With a **dreamy far-off look**!	여자들 몽롱한 눈빛으로!
<u>MEN</u>	And her nose **stuck** in a book!	남자들 책에 코를 박고 있지!
<u>ALL</u>	What a **puzzle** to the rest of us is Belle!	모두 우리에게는 정말 이해 안 되는 존재 바로 벨이라네!

peculiar 이상한, 기이한, 독특한
feel well 건강상태/기분이 좋다
dreamy 꿈을 꾸는, 몽환적인
far-off look 먼 곳/먼산을 바라보는 듯한 표정
stuck ~에 막혀 꼼짝 못하는; ~에 빠져 있는
puzzle 퍼즐; (이해, 설명하기 힘든) 수수께끼, 미스터리

A Crush on Belle

벨에게 반한 가스통

🎵 02.mp3

BELLE sits on the edge of a **fountain**, singing to the sheep and the washing woman in the background, who leaves.

벨이 배경 어딘가로 향하는 여인과 양에게 노래하며 분수 가장자리에 앉는다.

BELLE	Oh! Isn't this amazing! It's my favorite part because, you'll see! Here's where she meets **Prince Charming**. But she won't discover that it's him 'til chapter three!

벨 오! 멋지지 않나요!
이 부분이 제가 가장 좋아하는 부분이죠, 왜냐하면, 보면 알게 될 거에요!
여기가 바로 그녀가 백마 탄 왕자님을 만나는 부분이거든요.
하지만 그녀는 그 사실을 모른답니다. 3막 전까지는 말이죠!

WOMAN 5	Now it's no wonder that her name means 'beauty'. Her looks **have got no parallel**!

여자 5 그녀의 이름의 뜻이 '아름다움'인 것은 어쩌면 당연하죠.
그녀의 외모는 따라올 사람이 없답니다!

MERCHANT	But behind that **fair facade**. I'm afraid she's rather **odd**. Very different from the rest of us...

상인 하지만 그 희고 고운 얼굴 뒤로,
안타깝게도 그녀는 좀 이상하답니다.
우리와는 많이 다르죠…

ALL	She's nothing like the rest of us.❶ Yes, different from the rest of us is Belle.

모두 그녀는 우리와는 많이 달라요.
맞아요. 우리와는 다른, 벨이랍니다.

GEESE flying **overhead**, one is shot and **plummets** to the ground. LEFOU runs over, **holds out** the bag, and misses catching the prize. He returns to GASTON.

거위들이 하늘 높이 날아오르고, 한 마리가 총에 맞아 땅으로 떨어진다. 르푸가 그쪽으로 달려가서 가방을 내밀지만 그것을 놓치고 만다. 가스통에게 돌아온다.

바로 이 장면! *

LEFOU	Wow! You didn't **miss a shot**, Gaston! You're the greatest hunter in the whole world!

르푸 우왜 한 마리도 놓치지 않았네, 가스통! 자네는 세상에서 가장 뛰어난 사냥꾼이야!

GASTON	I know!

가스통 나도 알아!

Prince Charming 백마 탄 왕자님

have (got) no parallel 비할 데 없다, 유례가 없다

fair 흰 피부의

facade (건물의) 앞면/정면, (실제와는 다른) 표면, 허울

odd 이상한, 특이한

overhead 머리 위에(로), 하늘 높이

plummet 곤두박질치다, 급락하다

hold out (손이나 손에 쥔 것 따위를) 내밀다

miss a shot 과녁을 놓치다, 표적을 못 맞추다

❶ **She's nothing like the rest of us.**
그녀는 우리와는 전혀 다르다.
여기서 말하는 나머지 우리들 'the rest of us'는 이 마을에 사는 평범한 사람들을 지칭하죠. 벨이 이 마을사람들과는 전혀 다른 아주 비범하고 특이한 사람이라는 것을 이렇게 표현했네요.

LEFOU	Huh. No beast alive stands a chance against you...and no girl for that matter!	르푸 하. 세상의 그 어떤 짐승도 자네를 상대로 버틸 수 없지. 그 점에서는 여자들도 마찬가지고.
GASTON	It's true, Lefou, and I**'ve got my sights set on** that one! (pointing to BELLE)	가스통 맞는 얘기야, 르푸. 그리고 난 저 여자를 노리고 있다네! (벨을 가리키며)
LEFOU	The **inventor**'s daughter?	르푸 발명가 영감 딸 말인가?
GASTON	She's the one! The lucky girl I'm going to marry.	가스통 바로 그 여자 말이야! 내가 결혼할 운 좋은 여자.
LEFOU	But she's--	르푸 하지만 그녀는…
GASTON	The most beautiful girl in town.	가스통 이 동네에서 제일 예쁜 처녀지.
LEFOU	I know--	르푸 알지만…
GASTON	And that makes her the best. And don't I **deserve** the best?	가스통 그래서 그녀가 최고인 거지. 그리고 나 정도면 최고를 누릴 자격이 되지 않는가?
LEFOU	Well of course, I mean you do, but I mean...	르푸 아, 물론. 그러니까 그래 맞아. 하지만 내 말은…

GASTON	**Right from the moment when** I met her, saw her, I said she's gorgeous and I fell. Here in town there's only she (BELLE walks by and away) Who is beautiful as me. So I'm making plans to woo and marry Belle!	가스통 내가 그녀를 만난, 본 바로 그 순간부터 난 그녀가 너무 예쁘다고 말했고 난 빠져들었지. 이 동네에는 그녀밖에는 없지 (벨이 옆으로 지나고 멀어진다) 나만큼 아름다운 사람은 그래서 난 그녀를 꼬셔서 결혼할 계획을 세우고 있다네.
BIMBETTES	Look, there he goes, isn't he **dreamy**? Monsieur Gaston, oh, he's so cute! **Be still** my heart, I'm **hardly breathing**. He's such a tall, dark, strong and handsome **brute**!	마을 처녀들 저기 봐, 그가 간다. 꿈의 남자 아니야? 가스통 님. 오, 그는 너무 귀여워! 심장아 가만히 좀 있어라, 숨쉬기도 힘드네. 키도 크고, 구릿빛 피부에, 힘도 세고 멋진 야수 같은 남자!

---

have got one's sights set on ~을 조준하다/겨냥하다

inventor 발명가

deserve ~을 받을만 하다, 누릴 자격이 있다

right from the moment when ... ~했던 바로 그 순간부터

woo 구애하다, 구혼하다

bimbette 〈속어〉 백치 같은 여자, 속물 여자

dreamy 꿈 같은, 몽환적인

be still 가만히 있어라

hardly breathing 거의 숨을 쉴 수 없는

brute 짐승, 야수 같은 자

BELLE walks easily through the crowd of people in the town, GASTON **struggles to catch up to** her.

MAN 1	Bonjour!
GASTON	Pardon!
MAN 2	Good day!
MAN 3	**Mais oui!**
WOMAN 1	You call this bacon?
WOMAN 2	What lovely grapes!
MAN 4	Some cheese!
WOMAN 3	Ten yards!
MAN 4	One pound!
GASTON	'xcuse me!
MAN 4	I'll get the knife!
GASTON	Please **let me through!**❶
WOMAN 4	This bread!
MAN 5	Those fish!
WOMAN 4	It's **stale**!
MAN 5	They smell!
MAN 6	Madame's mistaken!
BELLE	There must be more than this provincial life!

벨이 마을 사람들 사이로 유유히 걸어가고, 가스통은 그녀를 따라잡으려 허둥댄다.

남자 1 안녕하세요!

가스통 잠시만 실례!

남자 2 좋은 날이에요!

남자 3 그렇네요!

여자 1 무슨 베이컨이 이래요?

여자 2 포도가 정말 싱싱하군요!

남자 4 치즈 좀 주세요!

여자 3 100야드 어치!

남자 4 1파운드!

가스통 실례합니다!

남자 4 칼 가져올게요!

가스통 저 좀 지나갈게요!

여자 4 이 빵!

남자 5 그 생선들!

여자 4 퀴퀴하네!

남자 5 냄새나!

남자 6 부인이 잘못 보신 거예요!

벨 분명 이런 작은 동네에서 사는 것보다는 뭔가 더 멋진 인생이 존재할 거야!

---

struggle 힘겹게 나아가다, 몸부림치다, 버둥거리다

to catch up to ~을 따라잡다

Mais oui 〈프랑스어〉 물론이지, 당연히 (= of course)

stale (음식이 만든 지) 오래된, 신선하지 않은

❶ **Let me through.**
지나 갈게요.
복잡한 길을 갈 때, 빠져 나가야 할 때 그냥 '비켜요'하는 것 보다 정중하게 '지나 갈게요'라고 하는 표현입니다. 여기에 Please를 붙이면 더 좋겠죠. 대개 let me~ 패턴에는 뒤에 동사원형이 오지만 여기서는 me와 through 사이에 go, get 등이 생략되었답니다.

GASTON	Just watch, I'm going to make Belle my wife! (TOWNSFOLK **gather around** GASTON, and eventually **surround** him)	가스통	어디 두고 봐, 내가 꼭 벨을 내 아내로 만들고 말 테니! (마을 사람들이 가스통 주변으로 몰려들고 그를 둘러싼다)
ALL	Look, there she goes, a girl who's strange but special, a most **peculiar mademoiselle**! **It's a pity**❶ and a sin. She doesn't quite **fit in**!	모두	봐봐, 저기 이상하지만 특별한 그녀가 간다. 세상에서 제일 특이한 아가씨! 참으로 안타깝고 유감스럽지. 그녀가 우리와 잘 어울리지 못하는 것이!
GROUP 1	But she really is a funny girl.	그룹 1	하지만 그녀는 참 희한한 여자야
GROUP 2	A beauty but a funny girl.	그룹 2	아름답지만 희한한 여자
ALL	She really is a funny girl! That Belle!	모두	그녀는 정말 희한한 여자야! 바로 그 벨

gather around ~의 주위에 모이다
surround ~을 둘러싸다, 에워싸다
peculiar 이상한, 기이한, 특이한
mademoiselle 아가씨, ~양
fit in (다른 사람들과 자연스럽게) 어울리다, 어우러지다

❶ **It's a pity.**
안타깝다.
주로 뒤에 that절이 따라오는데 '안타깝다, 유감이다'라는 의미로 쓰이는 표현이에요. 예를 들어, It's a pity that you cannot come. (네가 올 수 없다니 안타깝다) 이렇게 쓸 수 있답니다.

Papa, the Inventor

아빠는 발명가

🎧 03.mp3

GASTON   Hello, Belle.

BELLE   Bonjour, Gaston. (GASTON grabs the book from BELLE) Gaston, may I have my book, please?

GASTON   How can you read this? There's no pictures!

BELLE   Well, some people use their imaginations.

GASTON   Belle, **it's about time you got❶** your head out of those books (**tossing** book into the mud) and paid attention to more important things...like me! The whole town's talking about it. (The BIMBETTES, who are **looking on, sigh**. BELLE has picked up the book and is cleaning off the mud) It's not right for a woman to read--soon she starts getting ideas... and thinking.

BELLE   Gaston, you are **positively primeval**.

GASTON   (Putting his hand around her shoulders) Why, thank you, Belle. Hey, **whaddya** say you and me take a walk over to the **tavern** and **have a look at** my hunting trophies?

BELLE   Maybe some other time.

BIMBETTE 1   What's wrong with her?

BIMBETTE 2   She's crazy!

가스통 안녕, 벨.

벨 안녕하세요, 가스통. (가스통이 벨이 들고 있던 책을 가로챈다) 가스통, 제 책을 돌려주시겠어요, 제발요?

가스통 이런 것 도대체 어떻게 읽어요? 그림도 없는데!

벨 글쎄요. 자신의 상상력이란 걸 이용하는 사람들도 있으니까요.

가스통 벨, 당신도 이제 책을 좀 멀리하고 살 때가 된 것 같아요. (책을 진흙탕으로 던져 버린다) 그리고 이젠 좀 더 중요한 것, 그러니까 말하자면 '나'에 대해서 더 신경을 쓰라고요! 마을 사람들이 모두 말들이 많아요. (구경하고 있던 마을 처녀들이 한숨을 쉰다. 벨이 다시 책을 집어 들고 진흙을 닦아낸다) 여자가 책을 읽는 것은 옳지 않아요. 그러다가 생각이란 것을 하게 된다고요.

벨 가스통, 당신은 정말이지 원시적이군요.

가스통 (벨의 어깨에 손을 올리며) 이런, 고맙군요, 벨. 자, 그러지 말고 우리 선술집으로 같이 산책해 보는 게 어때요. 가서 내 사냥 트로피도 보고 말이죠?

벨 다음에요.

마을 처녀 1 쟤 왜 저러니?

마을 처녀 2 미쳤나 봐!

---

toss (가볍게, 아무렇게나) 던지다
look on (관여 않고) 구경하다, 지켜보다
sigh 한숨을 쉬다
positively (강조하며) 분명히, 긍정적으로
primeval 원시적인
whaddya 'what do you'를 축약한 속어적 표현
tavern 선술집, 여관
have a look at ~을 한번 보다, 한번 슬쩍 보다

❶ **It's about time you + 과거형 동사**
네가 ~할 때가 되었다
'네가 ~할 때가 되었다, 이제 네가 ~할 때다'라는 의미로 쓰이는 패턴이에요. 간단한 예로, It's about time you went to bed. (이제 네가 자러 갈 때가 되었구나.) 이렇게 쓰입니다.

BIMBETTE 3	He's **gorgeous**!	마을 처녀 3 그가 얼마나 멋진데!
BELLE	Please, Gaston. I can't. I have to get home and help my father.	벨 제발요, 가스통. 전 못 가요. 집에 가서 아빠를 도와드려야 한다고요.
LEFOU	Ha ha ha, that crazy old **loon**, he needs all the help he can get!	르푸 하하하, 그 미치광이 영감 말씀이로군, 그가 도움이 많이 필요하긴 하지!
GASTON and LEFOU laugh **heartily**.		가스통과 르푸가 박장대소한다.
BELLE	Don't you talk about my father that way!	벨 우리 아빠에 대해서 그렇게 얘기하지 마세요!
GASTON	Yeah, don't talk about her father that way! (He **conks** LEFOU **on the head**.)	가스통 그래, 그녀의 아빠에 대해서 그렇게 얘기하지 말라고! (가스통이 르푸의 머리를 때린다)
BELLE	My father's not crazy! He's a genius! (**Explosion** in background. GASTON and LEFOU continue laughing. BELLE rushes home and **descends** into the **basement**.)	벨 우리 아빠는 미치지 않았어요! 그는 천재예요! (배경에서 폭발하는 소리. 가스통과 르푸는 계속 낄낄댄다. 벨은 서둘러 집으로 돌아가 지하로 내려간다)
BELLE	Papa?	벨 아빠?
MAURICE	How on earth did that happen? **Dog gonnit**! (He pulls the **barrel** off his waist, **along with** his pants.)	모리스 도대체 어떻게 이런 일이 일어난 거지? 이런 젠장! (그가 허리에서 통을 당겨 빼내는데 바지가 같이 딸려온다)
BELLE	Are you all right, Papa?	벨 아빠, 괜찮으세요?
MAURICE	I'm about ready to give up on this **hunk of junk**! (kicking machine)	모리스 이제 이 쓸모없는 잡동사니 더미를 다 버릴까 생각 중이야! (기계를 발로 차며)
BELLE	You always say that.	벨 항상 그렇게 말씀하시잖아요.
MAURICE	I mean it, this time. I'll never get this **boneheaded contraption** to work.	모리스 이번에는 진짜야. 도저히 이 멍청한 기계를 작동할 수 없을 것 같구나.
BELLE	Yes, you will. And you'll win first prize at the **fair** tomorrow.	벨 아니에요. 분명히 할 수 있으실 거예요. 그리고 내일 박람회에서 1등 상도 받으실 거고요.

---

gorgeous 아주 멋진, 아름다운

loon 〈구어〉 얼간이, 바보, 미치광이

heartily 실컷, 열심히, 진심으로

conk someone on the head 머리를 세게 때리다

explosion 폭발, 폭파

descend 내려오다, 내려가다

basement 지하층

dog-gonnit! 오 이런, 젠장, 제기랄

barrel (목재, 금속으로 된 대형) 통

along with ~와 함께, ~에 덧붙여

hunk of junk 잡동사니들, 쓸모 없는 물건들

boneheaded 멍청한, 얼간이 같은

contraption (기묘한) 기계/장치

fair 박람회, 전시회

MAURICE Hmmmph!

BELLE ...and become a world famous inventor!

MAURICE You really believe that?

BELLE I always have.

MAURICE Well, what are we waiting for? I'll have this thing fixed **in no time**. (sliding under machine) Hand me that **dog-legged clencher** there... So, did you have a good time in town today?

BELLE I got a new book. Papa, do you think I'm **odd**?

MAURICE My daughter? Odd? (Appears from under machine with **bizarre** goggle contraption on his head **distorting** his eyes) Where would you get an idea like that?

바로 이장면!*

BELLE Oh, I don't know. It's just I'm not sure I fit in here. There's no one I can really talk to.

MAURICE What about that Gaston? He's a handsome fellow!

BELLE He's handsome all right, and rude and **conceited** and...Oh Papa, he's not for me!

MAURICE Well, don't you worry, cause this invention's going to be the start of a new life for us. (Comes out from under machine) I think **that's done it**. Now, **let's give it a try.**❶ (MACHINE **whirs** and chops wood, just as it should)

모리스 흠…!

벨 …그리고 세계적으로 유명한 발명가가 되실 거라고요!

모리스 정말 그럴 거라고 믿는 거니?

벨 저는 항상 그렇게 믿어 왔어요.

모리스 자, 뭘 뜸 들이고 있니? 이거 바로 고쳐놓도록 할게. (기계 밑으로 미끄러져 들어가며) 저기 개다리 모양 클렌처 좀 건네주렴… 그래, 오늘 마을에 나간 일은 재미있었니?

벨 새 책을 구했어요. 아빠, 아빠가 보기에 제가 좀 이상한 것 같으세요?

모리스 내 딸이? 이상하다고? (눈이 크게 보이는 이상한 고글을 머리에 쓰고 기계 밑에서 나오며) 도대체 어디서 그런 말이 나온 거니?

벨 오, 잘 모르겠어요. 그냥 제가 이 동네에 어울리는 사람인지 알 수 없어서 그래요. 같이 이야기를 나눌 만한 사람이 한 명도 없거든요.

모리스 가스통은 어때? 그 사람 아주 잘생겼던데!

벨 잘생기야 했죠. 게다가 무례하고 잘난 척하고 그리고… 아유 아빠, 그 사람은 저하고는 안 맞아요!

모리스 그래, 걱정하지 말아라. 왜냐하면 이 발명품이 우리에게 새로운 삶을 가져다 줄 테니 말이다. (기계 밑에서 나온다) 다 완성된 것 같구나. 자 이제 한번 시도해 볼까. (기계가 윙 소리를 내며 돌아가고 나무를 자른다, 원래 의도대로)

---

in no time 당장에, 곧

dog-legged (개의 뒷다리처럼) 급격히 굽은, 비틀린, 휘어진

clencher 물건을 만들 때 단단히 고정시키거나 꽉 쥘 때 쓰는 공구

bizarre 기이한, 특이한

distort (형체, 모습, 소리를) 비틀다, (사실, 생각 등을) 왜곡하다

conceited 우쭐대는, 자만하는

that's done it (일을 망쳤을 때) 일 저질렀군, (일을 다 마치고) 다 끝났군

whir 씽 소리를 내며 날다, 회전하다, 움직이다

❶ **Let's give it a try.**
시도해 보자.
'무엇인가 시도할 때, 새로운 것을 먹어 보려고 할 때' 쓸 수 있는 표현입니다. 비슷한 표현으로 Try it.이 있습니다.

BELLE	It works!	벨 잘 돼요!
MAURICE	It does? It does!	모리스 정말? 정말 그러네!
BELLE	You did it! You really did it!	벨 아빠가 해내셨어요! 아빠가 정말 해내셨다고요!

MAURICE **Hitch up** Phillipe, girl. **I'm off to** the fair! (**Log strikes** him in the head, **knocking him out**. Fade to later in the day)

모리스 필립을 준비시켜라, 얘야. 박람회로 떠나야지! (통나무가 그의 머리를 강타하고 그는 뻗는다. 장면이 오후로 서서히 바뀐다)

---

hitch up (줄 따위를) 휙 끌어올리다. (말 따위를) 수레에 매다.

be off to (장소로) 떠나다. ~하러 가다

log 통나무

strike 치다. 부딪히다. 때리다

knock someone out ~를 때려눕히다

Maurice in the Castle

성안에 들어간 모리스

🎧 04.mp3

BELLE   Good bye, Papa! Good luck!

벨 잘 가요, 아빠! 행운을 빌어요!

MAURICE Good bye, Belle, and take care while I'm gone!

모리스 잘 있거라, 벨. 내가 없는 동안 잘 지내고!

MAURICE and PHILLIPE continue on their journey until they **become lost**.

모리스와 필립이 여정에 올라 계속 가다가 길을 잃는다.

MAURICE We should be there by now. Maybe we **missed a turn**. I guess I should have taken a...wait a minute.

모리스 지금쯤이면 도착할 때가 됐는데. 길을 잘 못 들었나. 아까 저쪽에서 그 길을… 잠깐.

Lifts lantern to **illuminate** sign giving directions to Anaheim and Valencia.

애너하임과 발렌시아로 가는 길 안내 푯말을 비추기 위해 손전등을 든다.

MAURICE Let's go this way!

모리스 이쪽으로 가자!

PHILLIPE looks right, at a dark, **overgrown path**, then left towards a **more inviting route**, then begins to go left.

필립이 오른쪽을 보니, 어둠 속에 잡초가 무성한 길이 있고, 왼쪽을 보니, 더 괜찮아 보이는 길이 있어서 왼쪽으로 걷기 시작한다.

MAURICE Come on, Phillipe! It's a **shortcut**. We'll be there **in no time**!

모리스 자 힘내자, 필립! 지름길이야. 이제 곧 목적지에 도착할 거야!

PHILLIPE and MAURICE continue through the dark.

필립과 모리스는 어둠을 뚫고 계속 나아간다.

MAURICE This can't be right. Where have you taken us, Phillipe? We'd better **turn around**... and...whoa...whoa boy, whoa Phillipe. Oh, oh! **Look out!**

모리스 이럴 리가 없는데. 필립 도대체 어디로 온 거니? 우리 아무래도 돌아가야겠다. 그리고, 워, 워, 얘야, 필립. 오, 외 조심해!

A **swarm** of bats fly out of a tree. PHILLIPE runs through the forest avoiding everything until he almost runs over **the edge of a cliff**.

박쥐 떼가 나무에서 날아오른다. 필립은 모든 것으로부터 도망치려고 숲을 헤치고 달리다가 벼랑 끝까지 오고 만다.

---

become lost 길을 잃게 되다

miss a turn 우(좌)회전하는 것을 놓치다

illuminate 환하게 비추다, 밝히다

overgrown path (풀, 잡초 등이) 제멋대로 마구 자란 오솔길

more inviting route 조금 더 편하고 걷기에 기분 좋은 길

shortcut 지름길

in no time 곧, 아주 빨리

turn around 몸을 돌리다, 회전하다

Look out! 조심해! 주의해라!

swarm 떼/무리

the edge of a cliff 절벽의 가장자리, 벼랑 끝

MAURICE **Back up!** Back up! Back up! Good boy, good boy. That's good, that's--back up! **Steady.**❶ Steady! Hey now. Steady.

PHILLIPE finally **bucks him off**.

MAURICE Phillipe!

PHILLIPE runs away, leaving MAURICE on the edge of the cliff.

MAURICE Phillipe? Oh no!

He looks up and sees WOLVES **growling at** him. MAURICE runs away, being **chased by** the WOLVES. He **stumbles down** a hill, and **lands** at the gate of a castle. He grabs the locked gate and tries to **shake it open**.

모리스 뒤로 가래! 뒤로! 뒤로! 잘했어, 착하구나. 그래 잘했다. 그래, 뒤로! 침착해야지. 진정해! 그래 자, 진정해.

필립이 결국 그를 내동댕이치고 만다.

모리스 필립!

필립은 도망가고, 모리스 혼자 벼랑 끝에 남게 된다.

모리스 필립? 오, 안돼!

그가 위를 올려다보니 늑대들이 그를 향해 으르렁 거리고 있다. 모리스는 도망치고 늑대를 그를 뒤쫓 는다. 그는 언덕 밑으로 나자빠지고 어떤 성의 정 문 앞에 다다른다. 그는 굳게 잠긴 문을 손으로 잡 고 마구 흔들며 열어보려고 애쓴다.

바로 이장면!*

MAURICE Help! Is someone there?

The gate opens, and MAURICE runs in. He slams the gate in the faces of the WOLVES. Leaving his hat on the ground as the rain begins to fall, MAURICE runs to the castle and bangs on the door. It **creaks open** and he enters, cautiously.

MAURICE Hello? Hello?

Watching from a table near the entrance are LUMIERE and COGSWORTH.

LUMIERE (Barely whispering) Old fellow must have lost his way in the woods.

COGSWORTH (Also whispering) Keep quiet! Maybe he'll go away.

모리스 도와주세요! 누구 있어요?

문이 열리고 모리스가 뛰어들어간다. 그는 늑대들 을 향해 정문을 쾅 닫아버린다. 비가 내리기 시작 하고 그가 모자를 떨어뜨린 채로 성으로 뛰어들어 가 문을 쾅쾅 두드린다. 문이 삐걱 소리를 내며 열 리고 그가 경계하며 들어간다.

모리스 여보세요? 여보세요?

입구 근처에 있는 테이블에서 뤼미에르와 콕스워 스가 보고 있다

뤼미에르 (들릴락 말락 한 소리로 속삭이듯이) 노 인네가 숲에서 길을 잃으셨나 보네.

콕스워스 (마찬가지로 작은 목소리로) 조용히 해! 내버려 두면 그냥 갈지도 몰라.

Back up! 물러서! 후진해라!
buck someone off 말이 껑충 뛰어 사람을 떨어뜨리다
growl at ~을 향해 으르렁거리다
chased by ~에게 쫓기는
stumble down 펄썩 나자빠지다
land 착륙하다, (땅이나 표면에) 내려앉다
shake it open 흔들어서 뚜껑 따위를 열다
creak open 삐걱거리며 열리다

❶ **Steady.**
진정해.
Steady는 형용사로 '꾸준한, 변함없는, 안정된'이라는 뜻이지만, 여기서는 모리스가 필립(말)이 벼랑에서 흥분하자 감탄사로 '조심(진정)해라'라는 의미로 쓰였습니다.

MAURICE Is someone there?

COGSWORTH Not a word, Lumiere. Not one word!

MAURICE I don't mean to **intrude**, but I've lost my horse and I need a place to stay for the night.

Lumiere looking at COGSWORTH like a child having just found **a lost puppy**.

LUMIERE Oh, Cogsworth, **have a heart.**❶

COGSWORTH Shush shush shhhhh!

COGSWORTH puts hand over LUMIERE'S mouth, who **promptly proceeds** to touch his **lit** candle hand to COGSWORTH's hand.

COGSWORTH Ow ow Ow OW OW OUCH!!!!!

LUMIERE Of course, monsieur, you are welcome here.

MAURICE (looking around in confusion) Who said that?

He picks up the **candlestick** for light, not realizing that the speaker is in his hand.

LUMIERE (Tapping him on the shoulder) Over here!

MAURICE (Spins around, pulling LUMIERE to the other side) Where?

Taps MAURICE on the side of the head. MAURICE looks at LUMIERE.

LUMIERE Allo!

MAURICE Oh!!!!

모리스 누구 계신가요?

콕스워스 아무 말도 하지 마, 뤼미에르, 한 마디도!

모리스 침입하려는 의도는 아니에요, 하지만 제가 말을 잃어버려서 오늘 하룻밤 묵어갈 곳이 필요해요.

뤼미에르가 마치 잃어버린 강아지를 막 찾은 아이처럼 콕스워스를 쳐다본다.

뤼미에르 오, 콕스워스, 인정을 베풀어.

콕스워스 쉬 쉬 쉐!

콕스워스가 뤼미에르의 입을 손으로 막는데 뤼미에르가 즉시 그의 불붙은 초로 된 손으로 콕스워스의 손을 만진다.

콕스워스 아, 아우, 아우, 아우, 아파!!!!

뤼미에르 당연하죠, 손님, 여기 오신 것을 환영합니다.

모리스 (당황스러워 주위를 둘러보며) 지금 누가 말한 거죠?

그는 불을 비추기 위해서 촛대를 든다. 그가 들고 있는 촛대가 방금 말을 했던 존재라는 것을 모르는 채로.

뤼미에르 (그의 어깨를 두드리며) 여기예요!

모리스 (빙빙 돌면서 뤼미에르를 반대 방향으로 옮기며) 어디요?

모리스의 머리 옆쪽을 톡톡 두드린다. 모리스가 뤼미에르를 본다.

뤼미에르 안녕하세요!

모리스 오!!!

---

intrude 함부로 들어가다, 침해하다
a lost puppy 주인 잃은 강아지
promptly 지체 없이, 즉각적으로
proceed 진행하다, 계속해서 ~을 하다
lit 빛이 나는, 밝은 (light의 과거, 과거분사)
candlestick 촛대
Allo! 프랑스어를 하는 캐나다인들이 Hello를 대체해서 쓰는 표현

❶ **Have a heart!**
인정을 베풀어라!
Have a heart는 '인정이 있다'라는 뜻입니다.
명령문으로는 '인정을 베풀어라' 혹은 간절한
요청의 뉘앙스로 '한 번만 봐주세요'라고
쓰입니다.

Startled, he drops LUMIERE onto the floor.

MAURICE Incredible!

COGSWORTH (hopping over) Well, now you've done it, Lumiere. Splendid, just **peachy--aaarrrgghh!**

MAURICE picks up COGSWORTH.

MAURICE How is this accomplished?

He **fiddles with** COGSWORTH.

COGSWORTH Put me down! At once!

MAURICE tickles the bottoms of COGSWORTH's feet. He laughs. He begins to wind the spring on the back of COGSWORTH's head, **twisting his face around** with the clock hands. MAURICE opens the front of COGSWORTH and begins to play with his **pendulum**. COGSWORTH **slams the door shut** on his finger.

COGSWORTH Sir, close that at once, **do you mind❶**?

MAURICE I beg your pardon, it's just that I've never seen a clock that...aah...I mean...aah aah aah-chooo!!!!

MAURICE sneezes in the face of COGSWORTH, who proceeds to wipe his face off using his clock hands in a very **anachronistic windshield wiper** manner. MAURICE sniffles, indicating the cold he has caught from being in the rain.

LUMIERE Oh, you are **soaked to the bone**, monsieur. Come, warm yourself by the fire.

MAURICE Thank you.

LUMIERE and MAURICE head towards the den, with COGSWORTH running after them.

깜짝 놀라서 그가 뤼미에르를 바닥에 떨어뜨린다

모리스 이런 말도 안 돼!

콕스워스 (뛰어오며) 에고, 결국 일을 저질렀구먼. 뤼미에르. 아주 훌륭해. 정말 멋지다고… 아아아!

모리스가 콕스워스를 들어 올린다.

모리스 이게 도대체 어떻게 가능한 거지?

그가 콕스워스를 만지작거린다.

콕스워스 내려놔요! 지금 당장!

모리스가 콕스워스의 발바닥을 간지럽힌다. 그가 웃는다. 그는 콕스워스의 머리 뒤에 있는 태엽을 감기 시작한다. 시곗바늘로 그의 얼굴을 돌아가게 하면서, 모리스는 콕스워스의 앞부분을 열고 시곗바늘을 가지고 장난치기 시작한다. 콕스워스는 그의 손가락 위로 문을 쾅 닫아버린다.

콕스워스 저기요, 당장 닫아요, 젠장!

모리스 지금 뭐라고 하셨죠? 제가 평생 이런 시계를 본 적이 없어서… 그러니까 내 말은… 에 에 에 에취!!!

모리스가 콕스워스의 얼굴에 재채기하고, 콕스워스는 자신의 시곗바늘을 이용해 얼굴을 닦아내는데, 구식 와이퍼처럼 닦는다. 모리스는 계속 코를 훌쩍거리는데 그것은 그가 비로 인해 감기에 걸렸다는 것을 말해준다.

뤼미에르 오, 이런 뼛속까지 흠뻑 젖으셨군요, 손님. 불가에 와서 몸을 따뜻하게 덥히세요.

모리스 고마워요.

뤼미에르와 모리스는 은신처로 자리를 옮기려고 하고 콕스워스는 그들을 쫓아간다.

---

peachy 복숭아 같은; (비격식) 좋은. 아주 멋진
fiddle with ~을 만지작거리다
twist something around ~을 돌리다. 휘감다
pendulum (시계의) 추
slams the door shut 문을 쾅 소리 나게 닫아버리다
anachronistic 시대착오적인. 시대에 뒤진
windshield wiper (자동차 앞창에 붙어 있는) 와이퍼
soaked to the bone 뼈 속까지 흠뻑 젖은

❶ **Do you mind?**
이봐요?
Do you mind~는 '~해도 될까요?'의 정중한 요청(문의)으로 많이 쓰이는데요. 여기서는 반어적으로 쓰여서 상대방이 한 말이나 행동에 대해 짜증을 나타내는 표현으로 '이봐요!' 혹은 '이런, 제길'과 같이 불평의 어투로 쓰였답니다.

COGSWORTH No, no, no, do you know what the master would do if he finds you here?

BEAST is watching the action from an **overhead walkway**, and rushes off as the trio enters the den.

COGSWORTH I demand that you stop...right...there!

COGSWORTH **tumbles** down the steps. MAURICE takes a seat in a large chair in front of a roaring fire.

COGSWORTH Oh, no, not the master's chair!

FOOTSTOOL rushes past COGSWORTH, barking **up a storm**.

COGSWORTH I'm not seeing this, I'm not seeing this!

MAURICE (As FOOTSTOOL rushes up to him) Well, hello there, boy.

FOOTSTOOL **props himself up** under the feet of MAURICE. COATRACK enters and removes his **cloak**.

MAURICE What service!

COGSWORTH All right, **this has gone far enough.**❶ I'm in charge here, and ...

COGSWORTH is **run over by** the (once again) anachronistic **IndyCar** sounding teacart of MRS. POTTS.

콕스워스 안 돼, 안 돼, 안 돼. 주인님이 당신이 여기 있는 것을 아시면 어떻게 하실지 알기나 해요?

야수가 위쪽 통로에서 그 장면을 보고 있다가 세 명이 들어오는 것을 보고 바로 그 자리를 뜬다.

콕스워스 제발 바로 그 정도에서 멈추시길… 당장…거기!

콕스워스가 계단에서 굴러 떨어진다. 모리스는 활활 타오르는 불 앞에 있는 큰 의자에 앉는다.

콕스워스 오, 안 돼. 주인님 의자는 안 돼!

발 받침대가 콕스워스를 콕스워스 옆을 잽싸게 지나가며, 맹렬히 짖는다.

콕스워스 난 안 볼래. 안 볼 거라고!

모리스 (발 받침대가 그에게 달려간다) 오, 안녕. 꼬마야.

발 받침대가 모리스의 발밑을 받치려고 자세를 잡는다. 코트 걸이가 들어와서 그의 망토를 벗어 준다.

모리스 멋진 서비스군!

콕스워스 좋아. 이제 더 이상은 못 봐주겠군. 내가 여기 책임자인데….

콕스워스가 (다시 한번) 시대에 뒤진 인디카 소리처럼 들리는 포트 부인의 다과 운반대에 치인다.

---

overhead walkway 육교, 통로

tumble 굴러 떨어지다

footstool (앉을 때) 발을 얹는 받침대

up a storm 극도로, 엄청나게, 맹렬하게

prop something/someone up ~을 받쳐 넘어지지 않게 하다

cloak 망토

run over by (차 따위에) 치이다

IndyCar 대단한 성능을 가진 경주용 자동차 (인디 경주용 자동차)

❶ **This has gone far enough.**
이건 너무했잖아.
'이건 너무 과했다/도를 넘었다'라는 의미로 쓰였어요. 보통 누군가가 하는 말이나 행동이 도를 넘었을 때 '이제 그만 좀 해!'라고 하면서 Enough! 혹은 Enough is enough!라고 하는데 그것과 같은 맥락이라고 보면 됩니다.

MRS. POTTS   (Arriving by the side of MAURICE) How would you like **a** nice **spot of tea**, sir? It'll warm you up in no time.

Pours tea into cup (CHIP), which hops over into MAURICE's open hand.

COGSWORTH   (from **face down position** on carpet) No! No tea, no tea!!!

CHIP   (As MAURICE **sips** the tea) Ha ha! His **moustache tickles**, momma!

MAURICE   (Startled by the cup) Oh! Hello!

The door to the den slams open and **a** strong **gust of wind** blows into the room, **extinguishing** LUMIERE's **flames** and the fire in the fireplace. COGSWORTH **dives for cover**. MRS. POTTS begins to shake. CHIP jumps back onto the tea cart and **takes refuge** from behind his mother.

CHIP   Uh oh!

BEAST enters. We see him **in full** for the first time. He is **on all fours**. He looks around in the darkness.

BEAST   (Growling his words) There's a stranger here.

LUMIERE   (who has **relit** his flames) Master, allow me to explain. The gentleman was lost in the woods and he was cold and wet...

LUMIERE's last sentence is drowned out by the very loud growl of BEAST, which **puts out** his flames once again. LUMIERE looks down, **dejected**.

포트 부인 (모리스의 옆에 도착해서) 좋은 차 한 잔 어떠세요, 손님? 당신의 몸을 순식간에 따뜻하게 해 줄 거예요.

컵(칩)에 차를 따르고, 컵은 모리스의 열린 손으로 뛰어오른다.

콕스워스 (카펫에 엎어져서) 안 돼! 차는 안 돼, 차는 안 된다고!!!

칩 (모리스가 차를 마실 때) 하하! 아저씨 콧수염 때문에 간지러워요, 엄마!

모리스 (컵 때문에 놀라며) 오! 안녕!

문이 쾅 하고 닫히고 방안으로 강한 돌풍이 불어와 뤼미에르의 불과 벽난로의 불을 꺼버린다. 콕스워스는 무서워서 숨는다. 포트 부인은 몸을 떨기 시작한다. 칩은 다시 다과 운반대로 뛰어올라 자기 엄마 뒤에 숨는다.

칩 오 이런!

야수가 들어온다. 처음으로 그의 전체 모습이 보인다. 그는 네다리로 걷는다. 그가 어둠 속에서 주위를 살핀다.

야수 (으르렁거리며) 외부인이 들어왔군.

뤼미에르 (그의 불을 다시 켠 후) 주인님, 제게 해명할 기회를 주십시오. 이 신사분이 숲속에서 길을 잃고 추위에 떨고 몸은 젖어서…

뤼미에르의 마지막 말은 야수의 엄청나게 큰 포효하는 소리에 묻히고, 그의 불은 다시 꺼지고 만다. 뤼미에르는 풀이 죽어 고개를 숙인다.

---

a spot of (액체의) 소량/약간
face down position 엎드린 자세
sip 홀짝이다, 조금씩 마시다
moustache 콧수염
tickle 간지럼을 태우다, 간질간질하다
a gust of wind 돌풍
extinguish (불을) 끄다, 화재를 진압하다
flame 불꽃, 불길

dive for cover 위험한 상황에 몸을 숨기기 위해 뛰어서 납작 엎드리다
take refuge 대피하다, 피난하다
in full 전부, 빠짐없이, 전체적으로 다
on all fours 네발로 기는
relit (relight의 과거형 동사) 불을 다시 지폈다, 켰다
put out 불을 끄다
dejected 실의에 빠진, 낙담한

바로 이장면!*

Coming out from under a rug.

양탄자 밑에서 나오며.

COGSWORTH Master, I'd like to take this moment to say...I was against this from the start. I tried to stop them, but would they listen to me? No, no, no!

콕스워스 주인님, 이 시간을 빌려 한 말씀 올리자면… 저는 사실 처음부터 이 일에 반대했습니다. 제가 그들을 말리려고 했지만, 그들이 제 말을 듣겠습니까? 아니죠. 아니에요. 아니라고요!

Again, BEAST's growl **drowns out** COGSWORTH. MAURICE looks to one side of the chair, then to the other and sees BEAST.

다시, 야수의 으르렁 소리로 콕스워스의 소리는 묻히고 만다. 모리스는 의자의 한쪽을 본 후 반대쪽을 보다가 야수를 보게 된다.

BEAST Who are you? What are you doing here?

야수 넌 누구냐? 여기서 뭐 하는 거야?

Maurice is very scared and **backing away** from the **advancing** BEAST.

모리스는 무척 겁에 질려 그에게로 진격하는 야수로부터 물러선다.

MAURICE I was lost in the woods and... (stares at BEAST)

모리스 제가 숲속에서 길을 잃어서… (야수를 쳐다보며)

BEAST (Advancing on him) You are not welcome here!

야수 (그에게 다가가며) 여긴 네가 올 곳이 아니야!

MAURICE I'm sorry.

모리스 죄송합니다.

BEAST **What are you staring at?**❶

야수 뭘 쳐다봐?

MAURICE (**Cowering** under BEAST) Noth-noth-nothing! (Turns to leave)

모리스 (야수 밑에서 겁을 먹고 몸을 웅크리며) 아무, 아무, 아무것도 안 봐요! (나가려고 돌아선다)

Beast is racing around and **blocking** the entrance with surprising speed.

야수가 엄청난 속도로 질주해서 입구를 막아선다.

BEAST So, you've come to stare at the beast, have you?

야수 그래서, 야수를 보려 온 거지, 그렇지?

---

drown out (소음이) 들리지 않다, 묻히다
back away 뒷걸음질치다, 피하다
advance (위협하기 위해) 진격하다, 다가가다
cower (겁을 먹고) 몸을 숙이다, 웅크리다
block 막다, 차단하다

❶ **What are you staring at?**
뭘 빤히 쳐다 보나?
비슷한 표현으로 What are you looking at?이 있는데요. Stare은 무엇인가를 뚫어지게 바라보거나 응시한다는 의미가 강합니다. 여기서도 약간 기분 나쁘다는 투로 따지듯이 묻고 있네요.

MAURICE   Please, I **meant** no **harm**! I just needed a place to stay.

모리스 제발요, 폐를 끼칠 생각은 아니었어요! 쉴 곳이 필요했을 뿐입니다.

BEAST   I'll give you a place to stay! (BEAST picks up MAURICE, carries him out of the room and slams the door, **plunging** the den, along with COGSWORTH, LUMIERE, MRS. POTTS, and CHIP into darkness. Fade out.)

야수 내가 쉴 곳을 주지! (야수가 모리스를 들어 올려 방에서 데리고 나가면서 문을 쾅 닫고, 그곳은 요동친다. 콕스워스, 뤼미에르, 포트 부인, 칩도 함께 어둠 속으로, 화면이 어두워진다.)

---

mean 의도하다, 작정하다

harm 해, 피해, 손해

plunge (앞, 아래로 갑자기) 거꾸러지다, 낙하하다, (아래 위로) 마구 요동치다

Delusional Gaston

망상에 사로잡힌 가스통

🎧 06.mp3

Fade in to BELLE's **cottage**, seen from **POV** of GASTON and LEFOU.

가스통과 르푸의 시점에서 바라보는 벨의 작은집이 화면에서 점점 뚜렷해진다.

LEFOU Heh! Oh boy! Belle's gonna get the surprise of her life, huh, Gaston.

르푸 헤! 야 이거! 벨은 정말 놀라운 일을 겪게 되겠군. 그렇지, 가스통.

GASTON Yep. This is her lucky day!

가스통 그렇지. 오늘 운수대통하는 거지!

GASTON **lets go of** a **branch**, which **swings back** and **hits LEFOU in the mouth**. GASTON turns to the band, wedding guests and others, **apparently** just out of sight of BELLE's cottage.

가스통이 쥐고 있던 가지를 놓자 가지가 튕겨서 르푸의 입을 때린다. 가스통이 벨의 집 바로 밖으로 보이는 곳에 있는 악단과 결혼식 하객들과 거기 있는 사람들 쪽으로 향한다.

GASTON I'd like to thank you all for coming to my wedding. But first, I better go in there and... propose to the girl!

가스통 제 결혼식에 와주신 모든 분께 감사드립니다. 하지만 일단은, 내가 안에 들어가서… 그녀에게 프러포즈해야겠군요!

MINISTER, BAKER, and OTHERS laugh heartily. Camera **pans** quickly to show BIMBETTES **crying their eyes out**. GASTON presses LEFOU's nose and talks to him in a threatening manner. Pointing at BELLE's house he gives directions to LEFOU.

목사, 제빵사, 그리고 다른 사람들이 크게 웃는다. 카메라가 엉엉 울고 있는 마을 처녀들을 비춘다. 가스통이 르푸의 코를 누르면서 위협하는 듯한 태도로 이야기한다. 벨의 집을 가리키면서 르푸에게 지시를 내린다.

GASTON Now, you Lefou. When Belle and I come out that door—

가스통 자, 르푸 자네. 벨과 내가 저 문밖으로 나오면…

LEFOU Oh I know, I know!

르푸 아 알았네, 알았어!

He turns and begins **directing the band** in "**Here Comes the Bride**." GASTON **slams** a **baritone** over his head.

그는 돌아서서 악단이 '결혼행진곡'을 연주하도록 지휘한다. 가스통이 그의 머리 위로 바리톤을 쾅하고 내려친다.

GASTON Not yet!

가스통 아직 아냐!

From inside the **instrument**, with his lips **sticking out** the mouthpiece.

악기 안쪽에서 마우스피스 쪽으로 그의 입술이 튀어나온다.

---

cottage (특히 시골에 있는) 작은집
POV 〈영화; point of view의 약어〉 시점, 관점, 입장
let go of something (손에 쥐고 있던 것을) 놓다
branch 나뭇가지
swings back ~으로 되돌아가다
hit someone in the mouth 입을 때리다
apparently 듣자 하니, 보아하니, ~인 것처럼 보여지는
minister 성직자, 목사

pan (방송 카메라나 사람이 카메라로 대상을 따라 다니며) 보여주다(찍다)
cry one's eyes out 펑펑 울다
direct the band 악단을 지휘하다
Here Comes the Bride 신부 입장할 때 연주하는 결혼행진곡
slam 쾅 닫다, 세게 치다
baritone 〈악기 이름〉 바리톤
instrument 악기
stick out 돌출되다, 튀어나오다

LEFOU   Sorry!

Cut to interior of cottage. BELLE is sitting in a chair reading her new book. There is a knock at the door. She puts the book down and walks to the door. She reaches up and pulls down a **viewing device**. She **peeks** through and sees an anachronistically accurate fish-eye view of GASTON. She **moans**, and pushes the door open.

르푸   미안!

벨의 집 내부로 장면이 바뀐다. 벨이 의자에 앉아 그녀의 새 책을 읽고 있다. 문에 노크 소리가 들린다. 그녀는 책을 내려놓고 문으로 다가간다. 그녀가 손을 위로 뻗어 문에 달린 밖을 볼 수 있는 기기를 잡아당긴다. 그녀가 밖을 엿보는데 가스통의 눈이 옛 만화에서나 나올법한 비정상적으로 커다랗게 확대된 물고기의 눈 모양으로 된 것을 보게 된다. 그녀는 투덜거리며 문을 밀어 연다.

바로 이장면!*

BELLE   Gaston, what a pleasant...surprise.

벨   가스통. 정말…뜻밖이네요.

GASTON   Isn't it though? I'm just full of surprises. You know, Belle. There's not a girl in town who wouldn't love to be **in your shoes**. This is the day...

가스통   그렇지 않나요? 내가 원래 사람들을 많이 놀라게 하죠. 들어봐요, 벨. 이 마을에 사는 모든 여자는 다 당신이 되고 싶어 해요. 오늘이 바로…

GASTON pauses by a mirror and licks his teeth clean.

가스통이 거울 앞에서 멈춘 후 자신의 치아를 핥아서 닦는다.

GASTON   This is the day your dreams come true.

가스통   오늘은 당신의 꿈이 이루어지는 날이에요.

BELLE   What do you know about my dreams, Gaston?

벨   당신이 제 꿈에 대해서 뭘 안다고 그러시죠, 가스통?

GASTON   **Plenty.** Here, picture this.

가스통   알 만큼 알고 있죠. 자, 상상해 봐요.

GASTON **plops down** in the chair and props his **mud-covered feet** up on BELLE's book. He begins to **kick off** his boots and **wiggle** his toes through his hole-y socks.

가스통이 의자에 철퍼덕 앉아 벨의 책 위에 자신의 진흙투성이의 발을 올려놓는다. 그는 자신의 부츠를 발로 차서 벗기 시작하고 구멍 난 양말을 뚫고 나온 그의 발가락들을 꼼지락거린다.

GASTON   A **rustic hunting lodge**, my latest kill roasting on the fire, and my little wife, massaging my feet, while the little ones play with the dogs.

가스통   전원에 있는 사냥꾼 오두막에서, 내가 가장 최근에 죽인 짐승을 모닥불에 구우면서 나의 토끼 같은 아내가 내 발을 주물러 주고, 그 옆에서는 우리의 어린아이들이 개들과 놀고 있는 장면을.

BELLE looks **positively disgusted**. GASTON gets up next to her face.

벨은 많이 불편해 하는 모습이다. 가스통이 그녀의 얼굴 옆으로 다가선다.

GASTON   We'll have six or seven.

가스통   여섯이나 일곱쯤이 좋겠네요.

---

cut to (영화, TV에서) 다른 장면으로 바뀌다

viewing device 안에서 밖을 보는 장치

peek 몰래 보다, 엿보다

moan 신음하다, 투덜거리다, 불평하다, 칭얼거리다

in one's shoes ~의 입장/상황이 되어, 입장을 바꿔놓고

plenty 풍부한/충분한 양의

plop down 철퍼덕 앉다

mud-covered feet 진흙투성이의 발

kick something off (신발 등을) 차서 벗다

wiggle 꼼지락꼼지락/꿈틀꿈틀/씰룩씰룩 움직이다

rustic 시골특유의, 소박한

hunting lodge 사냥꾼이 숙소로 삼는 오두막

positively 단언코, 확실히, 분명히

disgusted 혐오감을 느끼는, 역겨워 하는

BELLE	Dogs?	벨	개요?
GASTON	No, Belle! **Strapping** boys, like me!	가스통	아니요, 벨! 건장한 사내아이들 말이에요. 나를 닮은!

BELLE	Imagine that.	벨	생각만 해도 대단하네요.

She picks up her book, **places a mark** in it, and puts it on the shelf.

그녀는 책을 들고 그 안에 표시한 후 책꽂이에 넣는다.

GASTON	And do you know who that wife will be?	가스통	그런데 지금 말한 그 아내가 누가 될 것인지 알아요?
BELLE	Let me think.	벨	글쎄요.
GASTON	(**Corners** BELLE) You, Belle!	가스통	(벨을 구석으로 몬다) 바로 당신, 벨!
BELLE	(**Ducking** under GASTON'S arms) Gaston, **I'm speechless.**❶ I really don't know what to say.	벨	(가스통의 팔 밑으로 몸을 숙이면서) 가스통, 말이 안 나오네요. 정말 뭐라고 말을 해야 좋을지 모르겠어요.

Gaston **pushes chairs and things out of the way** until he reaches BELLE and traps her against the door.

가스통이 의자와 다른 가구들을 밀어내면서 벨에게 다가가 그녀를 문 쪽으로 몰아넣는다.

GASTON	Say you'll marry me.	가스통	나랑 결혼하겠다고 말해요.
BELLE	(Reaching for the doorknob) I'm very sorry, Gaston, but I just don't deserve you.	벨	(문의 손잡이 쪽으로 손을 뻗으며) 정말 미안하지만, 가스통, 저는 당신과 결혼 할 만한 자격이 없는 여자예요.

She twists the knob and the door opens (this time **outward**). BELLE ducks under GASTON as he **tumbles out** the door and into the mud.

그녀가 손잡이를 돌리자 문이 열린다 (이번에는 바깥쪽으로). 벨은 가스통 밑으로 빠져나오고 가스통은 문밖 진흙탕으로 굴러떨어진다.

---

strapping 〈비격식〉 (명사 앞에서) 건장한
place a mark 표시하다, 표식을 남기다
corner 궁지에 몰아넣다, 구석으로 몰다
duck 머리를 홱 숙이다, 몸을 홱 굽히다
push something out of the way ~을 밀어내다, 물리치다
outward (특정 지점에서) 밖으로 향하는
tumble out ~밖으로 떨어져 나가다

❶ **I'm speechless.**
말이 안 나오네요.
상대방과 얘기를 나누다 말이 통하지 않아 답답하거나 반대로 너무 좋아서 말이 안 나오는 경우가 있죠. 그럴 때 이런 표현을 씁니다. 단어 뒤에 -less가 붙으면 '~가 없다'는 의미가 됩니다.

After the Big Question
프러포즈가 끝난 후

🎧 07.mp3

The wedding band begins to play "Here Comes the Bride." GASTON's boots are thrown out of the door (now opened **inward**) and the door is slammed shut. LEFOU, who is directing the band, looks down and sees GASTON's legs **sticking out** of the mud, and a PIERRE's head sticking up. LEFOU **cuts off** the band, and GASTON's head **pops up**, with the pig on top of him. He **tilts** his head, and the pig slides down his back.

악단이 '결혼행진곡'을 연주하기 시작한다. 가스통의 부츠가 문밖으로 내던져지고 (지금은 안쪽으로 열려있다) 그리고 문이 쾅 하고 닫힌다. 악단을 지휘하고 있던 르푸가 밑을 내려보니 가스통의 다리가 진흙탕 밖으로 튀어나와 있고 피에르의 머리가 쑥 올라와 있다. 르푸가 악단의 연주를 중단하고 가스통의 머리가 불쑥 올라오는데 그의 머리 위에 돼지가 앉아있다. 그가 머리를 기울이자 돼지가 그의 등 뒤로 미끄러지며 떨어진다.

바로 이장면!*

LEFOU So, how'd it go?

르푸 그래, 어떻게 된 거야?

GASTON (Picks up LEFOU by the neck) I'll have Belle for my wife, make no mistake about that!

가스통 (르푸의 목을 잡고 들어 올리며) 벨을 꼭 내 아내로 만들고 말 거야. 확실히 알아두라고!

GASTON drops LEFOU into the mud.

가스통이 르푸를 진흙탕 속에 떨어뜨린다.

LEFOU (To PIERRE) **Touchy!**

르푸 (피에르에게) 예민하긴!

PIERRE **Grunt** Grunt.

피에르 꿀꿀.

GASTON **walks off**, dejected, and the focus returns to the cottage. BELLE **pokes her head out** the door.

가스통은 낙심하여 떠나고, 초점은 벨의 오두막으로 맞춰진다. 벨이 문밖으로 머리를 내민다.

BELLE (To the chickens) Is he gone? Can you imagine, he asked me to marry him.
Me, the wife of that **boorish, brainless...**
Madame Gaston, can't you just see it.
Madame Gaston, his little wife.
Not me, no sir, I guarantee it.
I want much more than this provincial life...

벨 (닭들에게) 그가 떠났니? 세상에나, 그가 나에게 청혼을 했어.
내가 그 막무가내 교양 없는 자의 아내라니…
가스통 부인, 딱 보면 모르겠니.
가스통 부인, 그의 어린 아내.
난 아냐, 아니라고 정말. 내가 장담하지.
난 이 지루한 생활보다 훨씬 더 의미 있는 삶을 원한다고…

inward 안쪽으로, 내부로 향한
cut off ~을 자르다, 중단하다, 잘라내다
pop up 갑자기 튀어나오다, 불쑥 나타나다
tilt 기울다, 젖혀지다, 갸우뚱하다
pick something/somebody up by the neck 목을 잡고 들어 올리다
touchy 민감한, 과민한, 미묘한, 화를 잘 내는
grunt 꿀꿀거리다, 끙 앓는 소리를 내다, 툴툴거리다, 으르렁거리다

walk off 떠나 버리다, 하던 일을 중단하고 가 버리다
poke something out 쑥 내밀다, 밖으로 내밀다
boorish 상스러운, 천박한
brainless 모자라는, 어리석은

BELLE walks into the **pen** and feeds the animals, then runs off singing into an **open field** overlooking a beautiful valley.

BELLE   I want adventure in the great wide somewhere
I want it more than I can tell.❶
And for once it might be grand.
To have someone understand.
I want so much more than they've got planned.

PHILLIPE runs into the open field. BELLE looks at him, **disturbed** that MAURICE is not with him.

BELLE   Phillipe! What are you doing here? Where's Papa? Where is he, Phillipe? What happened? Oh, we have to find him, you have to take me to him!

BELLE **unhitches** the wagon from PHILLIPE. Cut to exterior of the castle gate.

How PHILLIPE brought BELLE there is a mystery, **seeing as** PHILLIPE never **made it to** the castle with MAURICE.

BELLE   What is this place?

PHILLIPE **snorts**, then begins to **buck** as if something is scaring him. BELLE dismounts and comforts him.

BELLE   Phillipe, please, steady.

She enters the gate and sees MAURICE's hat on the ground.

BELLE   Papa.

벨이 가축우리로 들어가서 가축들에게 먹이를 주고, 아름다운 계곡이 내려다보이는 넓은 평야를 향해 뛰어나오며 노래를 한다.

벨 난 광대한 어딘가로 떠나 모험을 하고 싶어.
정말 너무나도 그렇게 하고 싶어.
그리고 이번만큼은 정말 웅장한 곳일 거야.
나를 이해해 주는 누군가가 있는.
난 그들의 계획보다도 훨씬 더 많은 것을 원해.

필립이 평야로 뛰어온다. 벨이 그를 보는데, 그녀의 아빠가 그와 함께 있지 않은 것을 보고 동요한다.

벨 필립! 너 여기서 뭐 하는 거니? 아빠는 어디 계셔? 어디 계시느냐고, 필립? 무슨 일이 생긴 거야? 아, 아빠를 찾아야만 해. 나를 아빠 있는 곳으로 데려다줘!

벨이 마차를 필립에게서 떼어낸다. 장면이 성문 외곽 쪽으로 옮겨간다.

필립이 벨을 어떻게 성문까지 데려왔는지는 미스터리다. 왜냐하면, 필립이 모리스와 성까지 간 적이 없기 때문이다.

벨 여긴 뭐 하는 곳이지?

필립이 히이잉 거리고, 무엇인가 무서운 것을 본 듯 날뛰기 시작한다. 벨이 내려서 그를 안정시킨다.

벨 필립, 제발, 진정해.

그녀가 문안으로 들어오고 땅에 떨어진 모리스의 모자를 본다.

벨 아빠.

---

pen 가축의 우리

open field (나무 등이 없는) 광활한 평야, 넓은 땅

disturbed 동요하는, 신경이 쓰여 마음이 편치 않은

unhitch (매어둔 것을) 풀다, 떼어내다

seeing as ~인 것으로 보아

make it to ~에 이르다, 도착하다

snort 콧방귀를 뀌다, (말 등이) 코를 힝힝거리다

buck 날뛰다

❶ **I want it more than I can tell.**
무엇보다 많이 원해요.
'그 무엇보다도 아주 많이 원한다'는 것을 의미예요. 문장의 뒷부분 I can tell은 I can say로 바꿀 수도 있답니다. 쉽게 말하면, I want it more than anything! 의 뜻이지요.

Belle in the Castle of the Beast

야수의 성으로 간 벨

🎧 08.mp3

Cut to interior of castle with COGSWORTH and LUMIERE discussing events.

성안으로 장면이 옮겨지고 콕스워스와 뤼미에르가 사건에 대해 논의하고 있다.

COGSWORTH Couldn't keep quiet, could we? Just had to invite him to stay, didn't we? Serve him tea, sit in the master's chair, **pet** the **pooch**.

콕스워스 아무 말도 안 하고 가만히 있을 수는 없었잖아, 그지? 잠시 머물고 가라고 할 수밖에 없었잖아, 안 그래? 차도 내오고, 주인님의 의자에 앉게 하고, 강아지도 쓰다듬게 하고.

LUMIERE I was trying to be **hospitable**.

뤼미에르 난 친절하게 대하려고 했을 뿐이야.

Cut back to door opening and BELLE entering castle.

다시 문이 열리는 장면이 나오고 벨이 성안으로 들어온다.

BELLE Hello? Is anyone here? Hello? Papa? Papa, are you here?

벨 여보세요? 혹시 누구 있나요? 여기요? 아빠? 아빠, 여기 계세요?

We follow as BELLE **ascends** the grand **staircase** and searches for her father. Cut to kitchen where MRS. POTTS is standing next to a **tub** of hot water. CHIP **hops in**.

벨이 웅장한 계단을 올라가며 그녀의 아빠를 찾는 모습을 쫓아간다. 포트 부인이 뜨거운 물이 담긴 통 옆에 서 있는 부엌 장면. 칩이 뛰어든다.

CHIP Momma. There's a girl in the castle!

칩 엄마. 성안에 여자가 있어요!

MRS. POTTS Now, Chip, I won't have you **making up** such wild **stories**.

포트 부인 자, 칩, 그런 황당한 얘기를 지어내면 안 돼.

CHIP But really, momma, I saw her.

칩 하지만 정말요, 엄마. 제가 그 여자를 봤어요.

MRS. POTTS (Disgusted) **Not another word.**❶ Into the tub.

포트 부인 (넌더리를 내며) 한마디만 더해봐 어디. 통속으로 들어가.

She lifts CHIP into the tub. FEATHERDUSTER enters.

그녀가 칩을 들어 올려 통속으로 넣는다. 먼지떨이가 들어온다.

FEATHERDUSTER A girl! I saw a girl in the castle!

먼지떨이 여자! 성안에 여자가 있는 걸 봤어요!

---

pet (동물, 아이를 다정하게) 어루만지다, 쓰다듬다
pooch (비격식) 개
hospitable (손님, 방문객을) 환대하는
ascend 오르다, 올라가다
staircase (건물 내부에 난간으로 죽 이어져 있는) 계단
tub 통 (뚜껑이 없고 둥글게 생긴 큰 것, 빨래통, 대형 화분 등)
hop in 뛰어오르다, 뛰어들다
make up a story 이야기를 지어내다

❶ **Not another word.**
아무 말도 하지 마.
'어떤 한 단어(another word)도 금지(not)한다' 즉 '어떤 말도 하지 마, 입 다물어'라는 단호한 경고의 표현입니다. 자꾸 말대답을 하거나 변명을 늘어놓을 때 부모님이나 선생님이 할 수 있는 말이겠죠.

CHIP   (poking his head out from the water) See, I told ya!

Cut back to LUMIERE and COGSWORTH **bickering**.

COGSWORTH   **Irresponsible, devil-may-care, waxy eared, slack-jawed—**

BELLE   Papa?

COGSWORTH and LUMIERE turn to look at the new arrival.

LUMIERE   Did you see that?

Running to the door and poking his head around the corner with COGSWORTH.

LUMIERE   It's a girl!

COGSWORTH   I know it's a girl.

LUMIERE   Don't you see? **She's the one.**❶ The girl we have been waiting for. She has come **to break the spell!**

He **chases after** her.

COGSWORTH   Wait a minute, wait a minute!

BELLE advances down a narrow hallway. COGSWORTH and LUMIERE **sneak up behind** her and open the door that leads to the tower where MAURICE is being kept. The door creaks open and BELLE hears the sound.

BELLE   Papa? Papa?

COGSWORTH hides behind the door and LUMIERE rushes off.

칩 (물속에서 얼굴을 내밀며) 그것 봐요, 제가 그랬잖아요!

다시 뤼미에르와 콕스워스가 다투고 있는 장면.

콕스워스 무책임하고, 될 대로 되라는 태도에, 밀랍 귀에, 입은 쩍 벌어지고…

벨 아빠?

콕스워스와 뤼미에르가 새로 온 사람을 보기 위해 몸을 돌린다.

뤼미에르 저거 봤어?

문 쪽으로 뛰다가 콕스워스와 함께 모퉁이에서 고개를 내민다.

뤼미에르 여자야!

콕스워스 그건 나도 알아.

뤼미에르 모르겠니? 바로 그녀라고! 우리가 그렇게도 기다려왔던 여자. 그녀가 마법을 풀려고 온 거라고!

그가 그녀를 쫓아간다.

콕스워스 잠시만, 잠시만!

벨이 좁은 복도 쪽으로 계속 간다. 콕스워스와 뤼미에르가 몰래 그녀의 뒤쪽으로 가서 모리스가 잡혀 있는 탑으로 가는 문을 열어준다. 문이 삐걱거리며 열리고 벨이 그 소리를 듣는다.

벨 아빠? 아빠?

콕스워스는 문 뒤로 숨고 뤼미에르는 도망간다.

---

bicker (사소한 일로) 다투다
irresponsible 무책임한
devil-may-care 앞일을 걱정하지 않는, 천하태평인
waxy eared 왁스(밀랍)으로 만든 귀가 달린
slack-jawed 입을 딱 벌린
break the spell 마법을 풀다, 최면상태에서 깨우다
chase after ~을 쫓다
sneak up behind ~의 뒤로 몰래 다가오다

❶ **She's the one.**
그녀가 바로 그 사람이야.
유명한 팝송 제목이자 영화 제목으로도 쓰이는 표현으로 아주 특별한 그 누구(the one)인가를 가리킵니다. 이 장면에서도 야수의 마법을 풀어 줄 '귀인'으로 묘사했네요. .

BELLE   Hello? Is someone here? Wait! I'm looking for my father!

She **begins up the stairs**, but doesn't realize that LUMIERE is watching her.

BELLE   That's funny, I'm sure there was someone... I-I-Is there anyone here?

MAURICE's voice **echoes** from his **cell**.

MAURICE Belle?

BELLE   (Rushes up to the cell to find him) Oh, Papa!

MAURICE How did you find me?

BELLE   Oh, your hands are like ice. We have to get you out of here.

MAURICE Belle, I want you to leave this place.

BELLE   Who's done this to you?

MAURICE **No time to explain.**❶ You must go...now!

BELLE   I won't leave you!

Suddenly, BEAST grabs BELLE's shoulder and **whips** her **around**. She drops the **torch** she was carrying into a **puddle** and the room is dark except for one **beam of light** from a **skylight**.

BEAST   What are you doing here?

MAURICE Run, Belle!

BELLE   Who's there? Who are you?

벨 여보세요? 누구 있어요? 잠시만요! 우리 아빠를 찾고 있어요!

그녀가 계단을 오르기 시작하지만, 뤼미에르가 그녀를 보고 있다는 사실은 눈치채지 못한다.

벨 참 이상하네. 분명 누군가가 있었는데… 여기 누구 있어요?

모리스가 갇힌 방에서 그의 목소리가 울려 나온다.

모리스 벨?

벨 (그를 찾기 위해 그가 있는 방으로 뛰어간다) 오, 아빠!

모리스 날 어떻게 찾은 거니?

벨 오, 아빠 손이 얼음장처럼 차가워요. 아빠를 어서 빼내야겠어요.

모리스 벨, 나는 네가 이곳을 떠났으면 한다.

벨 누가 아빠에게 이런 짓을 했죠?

모리스 설명할 시간이 없어. 어서 나가라… 당장!

벨 아빠만 두고 못 가요!

갑자기, 야수가 벨의 어깨를 잡고 그녀를 홱 돌린다. 그녀는 들고 있던 횃불을 물웅덩이에 떨어뜨리고, 채광창에서 들어오는 한줄기 빛만 남고 어두워진다.

야수 여기서 뭐 하는 거야?

모리스 도망가, 벨!

벨 누가 있나요? 누구세요?

---

begin up the stairs 계단을 오르기 시작하다

echo (소리가) 울리다, 메아리 치다

cell 감방, 지하방

whip around 갑자기 뒤돌아보다, 방향을 바꾸다

torch 횃불

puddle 물웅덩이

beam of light 한줄기의 빛

skylight 천장에 낸 채광창

❶ **No time to explain.**
설명할 시간 없다.
'to 동사 할 시간 없다'라는 표현으로 앞에 It's, There's, I have 등이 생략되어 간략하고 다소 강한 뉘앙스로 쓰였습니다. to 뒤에 waste, lose 등 다양한 동사를 넣어 활용해 보세요.

BEAST	The master of this castle.	야수 이 성의 주인이다.
BELLE	I've come for my father. Please let him out! Can't you see he's sick?	벨 우리 아빠를 구하러 왔어요. 제발, 아빠를 풀어주세요! 아빠가 아픈 것 안 보이세요?
BEAST	Then he shouldn't have **trespassed** here.	야수 그렇다면 이곳을 무단으로 침입하지 말았어야지.
BELLE	But he could die. Please, I'll do anything!	벨 하지만 아빠가 죽을 수도 있다고요. 제발, 무엇이든 할게요!
BEAST	There's nothing you can do. He's my prisoner.	야수 네가 할 수 있는 건 아무것도 없어. 그는 나의 포로야.
BELLE	Oh, there must be some way I can...wait! Take me, instead!	벨 오, 내가 할 수 있는 일이 분명히 있을… 잠시만요! 대신 저를 잡아두세요!

바로 이장면!*

BEAST	You! You would **take his place**?	야수 너를! 네가 그 대신 여기에 있겠다고?
MAURICE	Belle! No! You don't know what you're doing!	모리스 벨! 안 돼! 넌 지금 네가 무슨 짓을 하는지 모르고 있어!
BELLE	If I did, would you let him go?	벨 내가 그렇게 하다면, 그를 풀어 주실 건가요?
BEAST	Yes, but you must promise to stay here forever.	야수 그러지. 하지만 넌 여기에 영원히 있겠다고 약속해야만 해.

BELLE **ponders** the situation and realizes she can't see the **captor**.

벨이 고민하다 그들을 잡아둔 존재가 안 보인다는 걸 깨닫는다.

| BELLE | Come into the light. | 벨 불빛 있는 곳으로 오세요. |

BEAST **drags** his legs, then his whole body into the beam of light. BELLE looks, her eyes growing wider until **she can stand no more**❶ and falls back to MAURICE.

야수가 그의 다리를 끌고 나오고 그의 몸 전체가 빛줄기 속으로 모습을 드러낸다. 벨이 그 모습을 보며 눈이 점점 커지다가 더 이상은 못 보겠는지 모리스에게로 쓰러진다.

| MAURICE | No, Belle. I won't let you do this! | 모리스 안 돼, 벨. 절대 네가 이런 짓을 하게 둘 순 없어! |

BELLE **regains** her **composure**, then steps into the beam of light, giving her a very **virgin-ish look**.

벨이 평정을 되찾고 빛줄기 안으로 들어가고 매우 순수한 처녀의 모습을 비춘다.

---

trespass 무단침입/출입하다

take someone place 다른 사람의 자리를 대체하다

ponder 숙고하다, 곰곰이 생각하다

captor 포획자, 억류자, 납치범

regain 되찾다, 회복하다

composure (마음의) 평정, 침착

virgin-ish look 순수한 처녀의 표정/모습

❶ **She can stand no more.**
그녀는 더 이상 견딜 수 없었어요.
더 이상은 견딜 수 없거나 참을 수 없다고 할 때 cannot stand라는 표현을 쓰는데, 여기에서는 can stand no more라고 표현했네요. 그녀가 이 상황을 더 이상은 견디지 못한다는 의미예요.

BELLE	**You have my word.**[0]	벨 약속할게요.
BEAST	(quickly) Done!	야수 (성급히) 그럼 그렇게 해!

BEAST moves over to **unlock** the cell, and BELLE **collapses** to the floor with her head in her hands. We hear the door being unlocked, then MAURICE rushing over to BELLE.

야수가 감옥의 자물쇠를 풀기 위해 옮겨가고 벨은 얼굴을 그녀의 손에 묻고 바닥으로 쓰러진다. 문의 자물쇠가 열리는 소리가 들리고 모리스가 벨에게 뛰어간다.

MAURICE No, Belle. Listen to me. I'm old, I've lived my life--

모리스 안 돼, 벨. 내 얘기를 들어봐. 난 이미 늙었고, 살 만큼 살았다고…

BEAST grabs him and drags him downstairs.

야수가 그를 잡고 아래층으로 끌고 간다.

BELLE	Wait!	벨 잠시만요!
MAURICE	Belle!	모리스 벨!
BELLE	Wait!	벨 기다려요!

---

unlock 자물쇠를 열다
collapse 붕괴되다, 무너지다, (의식을 잃고) 쓰러지다

> ❶ **You have my word.**
> 약속할게요.
> '내 말을 믿어도 좋아, 약속할게'라는 의미예요.
> 같은 상황에서 I'll give you my word.라고
> 쓰기도 한답니다.

The Forbidden West Wing

금지 구역 서관

🎧 09.mp3

Cut to ext. of castle. BEAST drags MAURICE towards **PALLENQUIN**.

MAURICE No, please **spare** my daughter!

BEAST **She's no longer your concern.**❶

BEAST throws MAURICE into the PALLENQUIN.

BEAST Take him to the village.

The PALLENQUIN breaks the ivy holding it to the ground, then **slinks off** like a spider with MAURICE inside.

MAURICE Please, let me out, please!

Cut to BELLE looking out cell window at the PALLENQUIN **crossing the bridge** over the **moat**. She begins to cry. Cut to BEAST walking up the stairs. LUMIERE is still **at his post**.

LUMIERE Master?

BEAST (angrily) What?

LUMIERE Since the girl is going to be with us for quite some time, I was thinking that you might want to offer her a more comfortable room.

BEAST growls angrily at him.

LUMIERE Then again, maybe not.

성의 외부 장면. 야수가 모리스를 마차 쪽으로 끌고 온다.

모리스 안 돼, 우리 아이를 놔 주라고!

야수 그녀는 더 이상 당신이 알 바 아니오.

야수가 모리스를 마차 안으로 던져 넣는다.

야수 마을로 데려가라.

마차는 땅에 엉켜있는 담쟁이덩굴을 끊으며 모리스를 태우고 마치 거미처럼 슬그머니 떠난다.

모리스 제발, 나를 나가게 해줘, 제발!

마차가 못 위로 놓인 다리를 건너는 것을 벨이 감옥 창을 통해 보는 장면. 그녀는 울기 시작한다. 야수가 계단을 오르는 장면. 뤼미에르는 아직 자기 임무를 맡은 자리를 지키고 있다.

뤼미에르 주인님?

야수 (화를 내며) 뭐야?

뤼미에르 그 여자가 우리와 아무래도 좀 오래 같이 있을 듯하니, 혹시 조금 더 편하게 머물 수 있는 방으로 옮겨 주시면 어떨까 해서요.

야수가 그에게 화를 내며 으르렁거린다.

뤼미에르 아, 참, 다시 생각해보니, 아닌 것 같네요.

---

palanquin 1인승 가마, 마차
spare 〈격식〉 (상해, 죽음 등을) 피하게/면하게 해 주다
slinks off 슬그머니 도망치다
cross the bridge 다리를 건너다
moat 호, 해자 (성 주위의 못)
at one's post 자신의 부서/위치/맡은 자리에서

❶ **She's no longer your concern.**
그녀는 더 이상 당신의 관심사가 아니에요.
'그녀는 더 이상 네가 걱정할/신경 쓸 바가 아니다'라는 의미예요. No longer는 '더 이상 ~가 아닌, 이미 ~가 아닌'으로 해석이 되고, 여기에서 쓰인 concern은 '걱정, 염려, 관심사'라는 의미랍니다. 보통 None of your concern! (네가 신경 쓸 문제가 아니야!)라고 주로 쓰죠.

바로 이 장면!*

BEAST enters the cell where BELLE is still crying.

벨이 울고 있는 감옥으로 야수가 들어온다.

BELLE	You didn't even let me say good bye. I'll never see him again. I didn't get to say good-bye.

벨 작별 인사도 못 하게 하시는군요. 다시는 못 볼 텐데. 작별 인사도 못 했다고요.

BEAST (**feeling bad**) I'll show you to your room.

야수 (안쓰러워하며) 당신의 방을 보여 주겠소.

BELLE (surprised) My room? (**Indicating** the cell) But I thought—

벨 (놀라며) 제 방이라고요? (감옥을 가리키며) 하지만 제 생각엔…

BEAST You wanna, you wanna stay in the tower?

야수 당신, 당신은 이 탑 안에 있기를 원하오?

BELLE No.

벨 아뇨.

BEAST Then follow me.

야수 그럼, 날 따라오시오.

BEAST leads BELLE to her room. As they **proceed**, BELLE begins to **lag behind**. She looks at the **hideous sculptures** on the walls and the light **casting shadows on** them. **Frightened**, she **gasps** and runs to **catch up with** BEAST, who is carrying LUMIERE as a **light source**. BEAST **looks back at** BELLE, and sees a tear **form** at the corner of her eye.

야수가 벨을 그녀의 방으로 안내한다. 계속 가다가, 벨이 뒤처지기 시작한다. 그녀는 벽에 걸린 기괴한 조각을 보게 되고 그 그림들 위로 그림자가 드리운다. 공포에 질려 그녀는 숨을 가쁘게 쉬다가 뤼미에르를 어둠을 밝혀주는 빛으로 들고 있는 야수를 따라잡기 위해 뛰어간다. 야수가 뒤돌아 벨을 보는데 그녀 눈가에 눈물이 맺힌다.

LUMIERE Say something to her.

뤼미에르 그녀에게 말을 걸어 보세요.

BEAST Hmm? Oh. (To BELLE) I...um...hope you like it here. (He looks at LUMIERE for approval. He motions BEAST to continue.) The castle is your home now, so you can go anywhere you wish, except the **West Wing**.

야수 응? 오. (벨에게) 난…음…당신이 이곳이 마음에 들었으면 하오. (그가 뤼미에르를 보며 승낙 사인을 구하고 뤼미에르는 야수에게 계속하라고 한다.) 이 성이 이제 당신 집이오, 그러니 당신 원하는 곳은 어디를 가도 좋소, 서관만 빼고 말이오.

BELLE (looking intrigued) What's in the West Wing?

벨 (흥미롭다는 표정으로) 서관에는 뭐가 있는데요?

BEAST (stopping angrily) It's **forbidden**!

야수 (화를 내며 멈추며) 거긴 금지 구역이오!

---

feel bad 후회하다, 가책을 느끼다		gasp 헉 하고 숨을 쉬다, 숨이 턱 막히다
indicate 나타내다, 보여주다		catch up with ~을 따라잡다
proceed 계속 진행하다, 계속해서 ~하다		light source 광원, 어둠 속에서 빛을 비추는 것
lag behind ~보다 뒤떨어지다, 뒤쳐지다		look back at ~을 뒤돌아보다/되돌아보다
hideous 흉측한, 흉물스러운		form 형성되다, 형성시키다
sculpture 조각품, 조각		west wing 서관, 서쪽 부속 건물
cast shadows on ~에 그림자를 드리우다		forbidden 금지된
frightened 겁먹은, 무서워하는		

BEAST continues, and BELLE **reluctantly** follows. Cut to int. of BELLE's room, dark. The door opens and light spills in.

BEAST   (Tenderly) Now, if there's anything you need, my servants will **attend** you.

LUMIERE   (whispering in his ear) Dinner--invite her to dinner.

BEAST   (Growing angry) You...will join me for dinner. **That's not a request!**❶

BEAST leaves, slamming the door behind him. BELLE, **terrified**, runs over to the bed and **flings** herself onto it, finally **breaking down** and crying. Fade to tavern in the town.

아수가 계속해서 가던 길을 가고, 벨은 마지못해 따라간다. 벨의 방 내부 장면, 어둡다. 문이 열리고 빛이 쏟아져 들어온다.

야수 (상냥하게) 자, 혹시 무엇이든 필요한 게 있다면, 내 하인들이 도와줄 거요.

뤼미에르 (그의 귀에 속삭이며) 저녁… 저녁 식사에 그녀를 초대하세요.

야수 (성질을 내며) 당신은… 나와 함께 저녁 식사를 할 거요. 이건 부탁이 아니라 명령이오!

야수는 문을 쾅 닫으며 방을 나간다. 벨은 공포에 질려 침대로 뛰어가 자신을 몸에 내던지며 결국 감정을 주체하지 못하고 운다. 마을의 술집으로 화면이 옮겨진다.

---

reluctantly 마지못해, 싫어하며
tenderly 상냥하게, 친절하게
attend 주의를 기울이다, 〈격식〉 수행하다
grow angry 화내다, 성이 나다
terrified 무서워하는, 두려워하는
fling (몸이나 신체 일부를 갑자기 힘껏) 던지다, 내밀다
break down 감정을 주체하지 못하다, 허물어지다

❶ **That's not a request!**
그건 명령이오!
부탁하거나 요청하는 것이 아닌 명령이라는 것을 강조할 때 쓰는 표현이에요. '명령'은 command나 order라고 하는데, 이 문장에서처럼 명령이라는 단어를 굳이 사용하지 않고 이렇게 표현할 수도 있답니다.

Dejected Gaston

실의에 빠진 가스통

🎧 10.mp3

GASTON	Who does she think she is? That girl has **tangled with** the wrong man. No one says 'no' to Gaston!	가스통 자기가 뭐라고 이러는 거야? 그 여자가 사람을 잘못 건드렸네. 감히 가스통에게 '노'라고 하다니!
LEFOU	**Darn right!**	르푸 그러게 말이야!
GASTON	Dismissed. Rejected. Publicly **humiliated**. **Why**, it's more than I can bear. (turns chair away)	가스통 묵살. 거절. 공개적으로 창피를 당했다고. 아 이런. 참을 수 없을 정도야. (의자를 돌려 앉는다)
LEFOU	(Runs in front of him) More beer?	르푸 (그의 앞으로 달려와서) 맥주 더 줄까?
GASTON	(Turns chair away again) What for? **Nothing helps.** I'm disgraced.	가스통 (다시 의자를 돌려 앉는다) 뭣 하러? 뭘 해도 도움이 안 돼 난 망신을 당했다고.
LEFOU	Who, you? Never. Gaston, you've got to **pull yourself together.**❶	르푸 누가, 자네가? 절대 그런 일은 없어. 가스통, 정신 차려.

LEFOU	Gosh it disturbs me to see you, Gaston. Looking so **down in the dumps**. Every guy here'd love to be you, Gaston. (cheering from the gallery) Even when **taking your lumps**. There's no man in town as admired as you. You're everyone's favorite guy. Everyone's **awed** and inspired by you. (LEFOU turns chair back to forward)	르푸 오, 이런 모습을 보니 괴롭네, 가스통. 그렇게 의기소침한 모습을 보이다니. 여기 모든 남자는 다 자네처럼 되고 싶어 하네, 가스통. (관중 속에서 응원하며) 자네가 톡톡히 혼꾸멍날 때도. 이 마을에 자네만큼 찬양받는 사람은 없지. 자네는 모두가 가장 좋아하는 사내지. 모두가 자네를 찬양하고 영감을 얻지. (르푸가 의자를 다시 앞쪽으로 돌리며)

tangle with ~와의 언쟁/싸움에 휘말리다
Darn right! 그래 맞아! 당연하지! (= You bet!)
humiliate 굴욕감을 주다, 창피를 주다
why (놀람의 감탄으로) 이런, 오, 아
Nothing helps. 무엇을 해도 도움이 되지 않는다.
down in the dumps 의기소침하여
take one's lumps 벌을 달게 받다, 톡톡히 혼나다
awe 경외감/외경심; 경외감을 갖게 하다

❶ **Pull yourself together.**
정신 차려요.
상대방이 실연을 당하거나 힘든 일을 겪고 낙심해서 정신을 못 차릴 때 우린 '정신차려!'라고 하잖아요. 이 표현이 바로 그럴 때 쓰는 표현이에요. '기운 내라, 진정해라, 침착해라' 등의 의미로도 쓰일 수 있어요.

And it's not very hard to see why!
No one's **slick** as Gaston, no one's quick as Gaston.
No one's neck's as incredibly thick as Gaston.
For there's no man in town **half as** manly.
Perfect, a pure **paragon**!
You can ask any Tom, Dick, or Stanley. ❶
And they'll tell you whose team they'd prefer
to be on!

LEFOU has pulled a man's belt off, whose pants fall to the ground.
LEFOU jumps up and wraps the belt around GASTON's neck, who
flexes and breaks it off. LEFOU continues to dance around. OLD
CRONIES pick him up and swing him around.

OLD CRONIES No one's been like Gaston, a **king-pin** like
Gaston.

LEFOU No one's got a **swell cleft** in his chin like Gaston.

GASTON As a specimen, yes, I'm **intimidating**!

OLD CRONIES My, what a guy that Gaston!

OLD CRONIES swing LEFOU **back and forth** into the camera. LEFOU
tickles GASTON's chin, who stands with pride.

OLD CRONIES Give five hurrahs, give twelve hip-hips.

LEFOU Gaston is the best and the rest is all drips!

LEFOU swings up his arm in dance and throws a mug of beer in
GASTON's face, who socks LEFOU in the face.

ALL No one fights like Gaston, no one bites like
Gaston.

WRESTLER In a wrestling match, nobody bites like
Gaston.

그리고 그 이유는 이해하기 그리 어렵지 않네!
아무도 가스통만큼 매끄럽지 못하고, 아무도 그처럼 빠른 사람은 없지.
그 누구도 가스통만큼 엄청나게 두꺼운 몸에 범접할 수조차 없지.
가스통의 반만큼 대장부다운 사내도 이 마을엔 없다네.
완벽한. 귀감 그 자체!
길가는 누구에게라도 물어보라네.
다들 누구의 팀에 더 들어가고 싶은지 얘기해 줄 거야!

루푸가 한 사내의 허리띠를 풀어 잡아당기고 그의 바지가 땅으로 떨어진다. 루푸는 뛰어올라 그 허리띠로 가스통의 목에 감고, 가스통은 힘을 주어 그것을 끊어버린다. 루푸는 계속 춤을 춘다. 패거리들이 그를 들어 올려 그네를 태우듯 앞뒤로 흔들어댄다.

패거리들 그 누구도 가스통 같은. 왕초는 없지.

르푸 그 누구도 가스통처럼 턱이 멋지게 둘로 갈라지는 사람은 없지.

가스통 표본답게. 그래, 난 험악하지!

패거리들 오호, 가스통은 역시 대단한 사내야!

패거리들이 르푸를 카메라 앞쪽으로 오르락내리락 그네를 태운다. 루푸가 자신있게 일어나는 가스통의 턱에 간지럼을 태운다.

패거리들 만세를 다섯 번 외치고, 힙힙을 열두 번 복창하세.

르푸 가스통은 최고, 나머지는 모두 얼간이!

루푸가 춤을 추다가 팔을 흔들어 들어 올리다가 맥주잔에 있는 맥주를 가스통의 얼굴에 뿌리고 가스통은 르푸의 얼굴에 강편치를 날린다.

모두 그 누구도 가스통만큼 잘 싸우지 못하고, 잘 물지 못하지.

레슬링 선수 레슬링을 할 때도, 가스통처럼 물지 못하지.

slick 번지르르한, 능란한, 멋진
paragon 귀감, 모범
flex 근육을 울퉁불퉁하게 힘을 주다
king-pin (조직, 활동의) 중심인물
swell 〈격식〉 (특히 몸의) 불룩한 부분
cleft (사람 턱의) 옴폭 들어간 부분
intimidating 겁을 주는, 위협적인
back and forth 왔다 갔다 하는; 오락가락하는

❶ **You can ask any Tom, Dick, or Stanley.**
아무에게나 다 물어봐도 좋아.
'보통 사람' '아무나'라는 것을 강조할 때 any/every Tom, Dick, and Harry라고 표현하는 경우가 있는데, 이 장면에서는 끝부분을 살짝 바꿔서 or Stanley라고 했네요. 위의 문장은 '아무한테나 다 물어봐도 좋아'라는 뜻이에요.

<u>BIMBETTES</u>	For there's no one as **burly** and **brawny**.	마을 처녀들 왜냐하면 가스통만큼 건강하고 힘센 사람은 없으니까.
<u>GASTON</u>	As you see I've got **biceps** to spare.	가스통 보시다시피, 난 이두박근 힘이 남아돌지
<u>LEFOU</u>	Not a bit of him **scraggly** or **scrawny**.	르푸 그의 몸에는 털이 듬성듬성 난 곳도 없고 마른 부분도 없다네.
<u>GASTON</u>	That's right! And **every last bit of** me's covered with hair!	가스통 그래! 내 몸은 한 부분도 빠짐없이 다 털로 덮혀 있지!

GASTON fights with the men, then **lifts a bench** with the BIMBETTES on it. He drops the bench on LEFOU, then turns to the camera and reveals his **hairy chest**.

가스통은 남자들과 싸우고 나서 마을 처녀들을 올린 역기를 들어 올린다. 그는 르푸에게 그 역기를 던져 떨어뜨리고 카메라를 향해 그의 털이 수북한 가슴을 드러낸다.

<u>OLD CRONIES</u>	No one hits like Gaston, **matches wits** like Gaston.	패거리들 그 누구도 가스통처럼 때리지 못하고, 가스통만큼 영리한 이는 없지.
<u>LEFOU</u>	In a spitting match, nobody spits like Gaston!	르푸 침 뱉기 시합을 하면, 가스통처럼 침을 뱉는 사람은 아무도 없다네!
<u>GASTON</u>	I'm especially good at **expectorating**! Ptooey!	가스통 내가 가래침 만드는 건 특히 잘하지! 퉤!
<u>ALL</u>	Ten points for Gaston!	모두 가스통 10점 만점!

GASTON plays a chess game with a man, then hits the board, sending it and pieces all over. He takes a bite of leather from the belt once wrapped around his neck, chews it and spits it into a **spittoon**, which falls and gets stuck on the head of LEFOU.

가스통이 한 사내와 체스를 두다가 체스판을 내려 쳤더니 그 파편들이 사방으로 흩어진다. 그가 자신의 목을 감았던 허리띠의 가죽을 물어 그것을 씹다가 침 뱉은 용기 쪽으로 뱉는데, 그 침이 르푸의 얼굴에 붙어 버린다.

<u>GASTON</u>	When I was a **lad** I ate four dozen eggs. Every morning to help me get large! And now that I'm grown, I eat five dozen eggs. So I'm **roughly** the size of a **barge**!	가스통 내가 소싯적에는 달걀 네 판을 먹었지. 매일 아침 몸을 더 키우려고! 이제 내가 어른이 되니 지금은 다섯 판을 먹는다네. 그래서 내 몸이 거의 바지선만 하지!

GASTON juggles a number of eggs, then swallows them whole. LEFOU attempts the trick, and is hit in the face by three eggs.

가스통이 달걀 몇 알로 저글링을 하다가 통째로 다 삼킨다. 르푸도 그 묘기를 시도하는데 달걀 세 알이 그의 얼굴을 때리고 만다.

<u>ALL</u>	No one shoots like Gaston, makes those **beauts** like Gaston.	모두 가스통처럼 총을 잘 쏘는 사람도 없고, 그처럼 이런 멋진 장면을 만들어낼 수도 없지.

---

burly 건장한, 장대한

brawny 〈비격식〉 건장한, 힘이 센

biceps 이두박근, 알통

scraggly 〈비격식〉 듬성듬성/들쭉날쭉 자란

scrawny 깡마른, 뼈만 앙상한, 비쩍 마른

every last bit of 마지막 한 부분까지

lift a bench 벤치에 누워 역기를 들어올리다

hairy chest 털이 많은 가슴

matches wits 지혜를 겨루다

expectorate 〈격식〉 기침을 하여 가래를 뱉다

Ptooey! (침 뱉는 소리) 퉤!

spittoon (예전에 가래나 침 뱉는데 쓰던 그릇) 타구

lad (특히 술, 여자, 스포츠에 관심이 많은 원기 왕성한) 사내

roughly 대략, 거의

barge 바지선

beaut 멋진 사람

LEFOU   Then goes **tromping** around wearing boots like Gaston.

GASTON   I use **antlers** in all of my decorating!

GASTON **takes** three **shots** at a **beer barrel**, which begins leaking into the mugs of **onlookers**. He returns **stomping** to his chair, where we see the fireplace surrounded by the heads of the animals he has killed. The mystery cut of music is here! Cut to ending of "Gaston **Reprise**".

ALL   My, what a guy! Gaston!!!!!!!

The OLD CRONIES have picked up the chair and carry GASTON around in it. LEFOU tries to **flee**, but they toss the chair into its normal place, and LEFOU is **pinned underneath**. MAURICE **bursts in frantically**.

르푸   그리고 가스통처럼 부츠를 신고 짓밟고 돌아다니나.

가스통   난 장식을 할 때는 꼭 사슴뿔을 이용하지!

가스통이 맥주 통에 사냥총 세 발을 쏘고 그 통에서 맥주가 새어 나와 구경꾼들의 잔을 채운다. 그가 발을 쿵쿵 구르며 의자로 돌아오는데, 그 의자 옆으로는 벽난로가 있고 그 주위로는 그가 죽인 짐승들의 머리가 둘러싸고 있다. 아주 이상한 음악이었네! '가스통 반복(찬가)' 노래가 끝나는 장면.

모두   오, 정말 대단한 남자라네! 가스통!!!!

패거리들이 가스통이 앉은 의자를 들고 그를 앉힌 채로 돌아다닌다. 르푸가 도망가려고 하지만 그들은 의자를 원래 있던 곳으로 집어 던지고 르푸는 그 밑에 깔린다. 모리스가 극도로 흥분한 상태로 갑자기 들어온다.

---

tromp 〈구어〉 짓밟다
antler (사슴의) 가지진 뿔
take a shot ~을 저격하다
beer barrel 맥주통
onlooker 구경꾼
stomp 쿵쿵거리며 걷다, 발을 구르며 춤추다
reprise (특히 음악에서) 반복 부분
flee 달아나다, 도망하다

pin (잡거나 밀어붙여) 꼼짝 못하게 하다
underneath ~의 밑에/아래에
burst in (방, 건물 등에) 갑자기 불쑥/와락 들어가다
frantically 미친 듯이, 극도로 흥분하여

A Horrible, Monstrous Beast
무시무시한 괴물 같은 야수

🎧 11.mp3

MAURICE Help! Someone help me!

모리스 도와줘요! 누군가 도와주세요!

OLD MAN Maurice?

노인 모리스?

바로 이장면!

MAURICE Please! Please, I need your help! He's got her. He's got her locked in the dungeon.

모리스 제발! 제발, 도움이 필요해요! 그가 그녀를 데리고 있어요. 그가 지하 감옥에 그녀를 가두었다고요.

LEFOU Who?

르푸 누구?

MAURICE Belle. We must go. **Not a minute to lose!**❶

모리스 벨, 가야 해요. 지체할 시간이 없다고!

GASTON Whoa! Slow down, Maurice. Who's got Belle locked in a **dungeon**?

가스통 워! 침착해요, 모리스. 누가 벨을 지하 감옥에 가두었단 말이오?

MAURICE A beast! A horrible, monstrous beast!

모리스 야수가! 아주 끔찍한 괴물 같은 야수가!

MAURICE has gone **from person to person**, **pleading his case**, until he is **thrown at the feet of GASTON**. A moment of silence, then the OLD CRONIES begin to laugh and **mock** him.

모리스가 이 사람 저 사람에게 그가 처해 있는 상황을 설명하다가 가스통의 발밑에 무릎 꿇게 된다. 잠시 침묵이 흐르고, 패거리들이 그를 비웃고 조롱하기 시작한다.

CRONY 1 Is it a big beast?

동네친구 1 야수가 크던가?

MAURICE Huge!

모리스 엄청 크다네!

CRONY 2 With a long, ugly **snout**?

동네친구 2 길고 못생긴 코도 있고?

MAURICE Hideously ugly!

모리스 흉측할 정도로 못생겼지!

CRONY 3 And sharp, **cruel** fangs?

동네친구 3 그리고 날카롭고, 잔혹한 송곳니도 있고?

---

dungeon 지하감옥

from person to person 한 사람 한 사람씩

plead one's case 소송이유를 진술하다; 변호하다

throw oneself at the feet of a person 애원하다; ~의 발 밑에 무릎을 꿇고 머리를 숙이다

mock 놀리다, 조롱하다

snout 〈비격식, 유머〉 사람의 코

cruel 잔혹한, 잔인한

❶ **Not a minute to lose!**
시간이 아주 촉박해!
직역하면 단 한 순간도 잃을 시간이 없다는 이 표현은 '시간이 아주 촉박하다'는 뜻이에요. 원래는 앞에 There's를 붙여서 there's not a minute to lose!라고 해야 완전한 문장이지만 구어체에서는 경제적으로 말하기 위해서 there's를 생략하는 경우가 많이 있답니다.

MAURICE	Yes, yes. Will you help me?	모리스	맞아, 맞아. 날 좀 도와주겠나?
GASTON	All right, old man. We'll **help** you **out**.	가스통	알았소, 영감, 우리가 돕겠소.
MAURICE	You will? Oh thank you, thank you!	모리스	정말로? 오 고맙네, 고마워!

The OLD CRONIES pick up MAURICE and help him out by throwing him through the door.

패거리들이 모리스를 들어 올려 문밖으로 내던져 버린다.

CRONY 1   Crazy old Maurice. He's always **good for a laugh**!

동네친구 1 모리스, 이 미치광이 늙은이. 볼 때마다 아주 웃긴다니까!

GASTON   (Very **pensive**) Crazy old Maurice, hmm? Crazy old Maurice. Hmmm? Lefou, **I'm afraid I've been thinking.**

가스통 (수심에 잠겨) 미치광이 늙은이 모리스, 음? 미치광이 늙은이 모리스, 음흠? 르푸, 유감스럽게도 내가 생각이란 걸 좀 해봤는데 말이야.

LEFOU is still under the chair.

르푸는 아직 의자 밑에 깔려 있다.

LEFOU   A dangerous **pastime**—

르푸 위험한 취미로군.

GASTON   (finishing line) I know,
But that **wacky** old **coot** is Belle's father.
And his **sanity**'s only **so-so**.

Now the wheels in my head have been turning.
Since I looked at that **loony** old man.
See I promised myself I'd be married to Belle,
And right now I'm **evolving** a plan!

가스통 (대사를 마치며) 나도 알아,
하지만 그 괴짜 늙은 멍텅구리가 벨의 아버지란 말이지.
그리고 그의 정신이 왔다 갔다 하고.

자 내가 머릿속에 바퀴들을 좀 굴려봤단 말이야.
내가 그 미친 늙은이를 본 이후로.
그러니까 내가 벨하고 결혼하겠노라고 스스로 약속을 했잖아.
그리고 지금은 내가 계획을 더 발전시켜 나가고 있는 거야!

GASTON picks LEFOU out from under the chair and **holds his head close**, and whispers.

가스통이 의자 밑에서 르푸를 꺼내 그의 머리를 잡아 자신에게로 가까이 끌어당기며 속삭인다.

GASTON   If I...(whisper)

가스통 내가 만약…(속삭인다)

LEFOU   Yes?

르푸 응?

---

help out (특히 곤경에 처한) ~을 도와주다
good for a laugh 웃음 나게 하는, 웃고 싶어지는
pensive (특히 슬픔, 걱정 때문에) 깊은 생각에 잠긴, 수심 어린
I'm afraid (that) (유감이지만) ~할 것 같다, ~이다
I've been thinking. 생각을 좀 해 봤는데.
pastime 취미, 심심풀이
wacky 괴짜의, 괴상한
coot 멍텅구리, 멍청이

sanity 온전한 정신 상태, 분별력
so-so 〈비격식〉 그저 그런, 평범한
loony 미친, 이상한, 괴짜의
evolve (점진적으로) 발달/진전하다, 진화하다
hold one's head close ~의 머리를 가까이 오게 잡고

<u>GASTON</u>	Then I...(whisper)	가스통 그리고 나서 내가…(속삭인다)
<u>LEFOU</u>	No, would she?	르푸 아니, 그녀가 그렇게 할까?
<u>GASTON</u>	(whispering)...GUESS!	가스통 (속삭이며) 추측해 봐!
<u>LEFOU</u>	**Now I get it!**	르푸 이제야 이해되네!
<u>BOTH</u>	Let's go!	함께 가자!

They begin a waltz around the floor as they sing.　　　그들은 노래를 부르며 왈츠 춤을 추기 시작한다.

<u>BOTH</u>	No one **plots** like Gaston, **takes cheap shots** like Gaston.	함께 그 누구도 가스통처럼 음모를 꾸미고 비열한 짓을 하지 못하지.
<u>LEFOU</u>	Plans to **persecute harmless crackpots** like Gaston.	르푸 가스통처럼 순진한 괴짜들을 괴롭히는 계획들을 세우거나.
<u>ALL</u>	So his **marriage** we soon'll be **celebrating**! My, what a guy, Gaston!!!	모두 그래서 우린 곧 그의 결혼식을 축하하게 될 거라네! 오, 대단한 사내야, 가스통은!!!!

Camera zooms out through window to **snow covered square**, empty except for MAURICE.　　　카메라가 창문을 통해 보이는 눈 덮인 광장 쪽을 보여주다가 화면이 점점 축소되고, 모리스만 남기고 화면이 사라진다.

<u>MAURICE</u>	(**to no one in particular**) Will no one help me?	모리스 (불특정 다수에게) 누가 나를 도와줄 사람 없나요?

Now I get it! 이제야 이해가 되네요!

plot 음모, 책략, 계획; 음모하다, 몰래 꾸미다

take a cheap shot 부당한/비열한/치사한 짓을 하다

persecute 박해하다, 귀찮게/못살게 굴다

harmless 악의 없는, 해가 없는, 무해한, 순진한

crackpot (비격식) 괴짜, 별난 사람

celebrate a marriage 결혼식을 거행하다/올리다

snow covered 눈으로 뒤덮인

square 광장

to no one in particular 특정한 누군가에게 향한 것이 아닌

Belle in an Enchanted Castle

마법의 성에 온 벨

🎧 12.mp3

Fade back to the bedroom of the castle where BELLE is still crying. There is a '**clink** clink clink' at the door. She gets up and walks over to open the door. MRS. POTTS enters with CHIP and their **entourage**.

성안으로 다시 돌아와 벨이 아직도 울고 있는 벨의 침실 장면. 문고리를 두드리는 '챙 챙 챙' 소리. 그녀가 일어나서 문 쪽으로 걸어간다. 포트 부인이 칩과 그의 수행원과 함께 들어온다.

바로 이장면!*

BELLE	Who is it?	벨 누구세요?
MRS. POTTS	(from outside the door) Mrs. Potts, dear. (Door opens.) I thought you might like **a spot of tea**.	포트 부인 (문밖에서) 포트 부인이에요, 아가씨. (문이 열린다.) 혹시 차 한 잔 드시고 싶어 할 것 같아서요.

Belle is amazed at the fact that she is listening to a walking tea set.

차 세트가 걸어 다니며 말을 한다는 사실에 벨이 놀란다.

BELLE	But you...ah...but...I--	벨 하지만 당신은…아…그렇지만…난…

BELLE **bumps into** the WARDROBE.

벨이 옷장과 부딪힌다.

WARDROBE	**Oof**. Careful!	옷장 우, 조심해요!
BELLE	(sits on bed) This is impossible—	벨 (침대에 앉는다) 이건 불가능해…

WARDROBE leans 'shoulder' on bed, **popping other end** and BELLE **into the air**.

옷장이 어깨를 침대에 기대자, 다른 한쪽과 벨이 공중으로 핑 튕겨 오른다.

WARDROBE	I know it is, but here we are!	옷장 알아요, 하지만 우리가 이렇답니다!
CHIP	(as sugar and cream are being poured into him) Told ya she was pretty, mama, didn't I?	칩 (설탕과 크림이 그에게 쏟아 부어지며) 내가 이 분 예쁘다고 그랬잖아요, 엄마, 안 그래요?
MRS. POTTS	All right, now, Chip. **That'll do.**❶	포트 부인 알았구나. 자, 칩, 그 정도면 됐어.

---

clink 땡그랑/짤랑 하는 소리를 내다
entourage (주요 인물의) 수행단
a spot of tea 약간의 차, 차 한잔
bump into ~와 마주치다, 부딪히다
oof 으악, 우아 (놀라움, 즐거움, 고통, 불쾌 등)
pop 펑, 빵하고 터지다/터뜨리다
other end 다른 한쪽, 상대방
into the air 공중으로

❶ **That'll do.**
그 정도면 됐다.
do에는 충분하다는 의미가 담겨 있습니다. 음식 같은 것을 대접 받고 충분하다고 할 때, 잔소리 등 말을 그만했으면 할 때 자제하라는 뉘앙스로도 쓰인답니다.

CHIP hops over to BELLE, who is sitting on the floor.

칩이 바닥에 앉아있는 벨에게 깡총깡총 뛰어간다.

MRS. POTTS   Slowly, now. Don't spill!

포트 부인 천천히. 자. 흘리지 말고!

BELLE   Thank you.

벨 고마워요.

She picks up CHIP, and is about to take a sip of tea.

그녀가 칩을 들어 올리고 차를 한 모금 마시려고 한다.

CHIP   (To BELLE) Wanna see me **do a trick**?

칩 (벨에게) 신기한 것 보여 드릴까요?

CHIP **takes a big breath**, then **puffs out** his cheeks and **blows bubbles out** the top of the cup.

칩이 숨을 크게 들여 마시고 그의 볼을 볼록하게 부풀어 오르게 하고 컵 위에 거품이 부글부글 끓게 한다.

MRS. POTTS   (**admonishingly**) Chip!

포트 부인 (훈계하듯이) 칩!

CHIP   (**looking guilty**) Oops. Sorry.

칩 (죄지은 것처럼) 이크. 죄송해요.

MRS. POTTS   (To BELLE) That was a very brave thing you did, my dear.

포트 부인 (벨에게) 아주 용기 있는 결정을 하셨어요, 아가씨.

WARDROBE   We all think so.

옷장 우리 모두 그렇게 생각해요.

BELLE   But I've lost my father, my dreams, everything.

벨 하지만 저는 아빠와 저의 꿈, 그 모든 것을 잃었어요.

MRS. POTTS   **Cheer up**, child. It'll **turn out all right** in the end. You'll see. (She looks up, startled.) Oops! Look at me, **jabbering on**, when there's a **supper** to get on the table. Chip!

포트 부인 기운 내요, 아가씨. 결국, 모든 것이 다 잘 될 거예요. 나중에 보면 알아요. (그녀가 놀라며 올려다본다) 오 이런 나 좀 보게. 쓸데없이 지껄여대고 있네. 저녁 준비해야 하는데. 칩!

CHIP   (hopping away) Bye!

칩 (깡총 뛰어 멀어지며) 안녕!

BELLE stands and the WARDROBE approaches her.

벨이 일어서고 옷장이 그녀에게 다가온다.

WARDROBE   Well now, what shall we dress you in for dinner? Let's see what I've got in my drawers.

옷장 자 그러면 저녁 식사에 뭘 입고 가실까요? 내 서랍장에 무엇이 들어있는지 한번 볼까요.

---

do a trick 트릭을 쓰다, 속임수를 쓰다
take a big breath 숨을 크게 들이쉬다
puff out ~을 볼록하게 부풀리다
blows something out (불 등을) 불어서 끄다, (가스 등을) 내뿜다
bubble 거품
admonishingly 타이르듯, 충고하듯
look guilty 죄진 듯한 표정을 하다
Cheer up 힘내라, 기운 내라

turn out all right (어떤 상황이) 결국 괜찮아지다, 잘 되다
jabber on (쉴새 없이) 지껄이다
supper 저녁 (식사; dinner보다 덜 격식)

The doors **fly open** and **moths flutter** out. She slams them shut.

WARDROBE   Oh! How embarrassing. Here we are.

One door opens, the other serves as an arm. It pulls out a pink dress.

WARDROBE   Ah! There, you'll look **ravishing** in this one!

BELLE   **That's very kind of you,**❶ but I'm not going to dinner.

WARDROBE   Oh, but you must!

COGSWORTH **waddles** in.

COGSWORTH   Ahem, ahem, ahem. **Dinner...is served.**

문이 휙 열리고 나방들이 파닥거리며 날아간다. 그녀가 문을 쾅 닫는다.

옷장   오! 아이고 창피해라. 자 여기요.

한쪽 문이 열리고 다른 한쪽 문은 팔의 역할을 한다. 핑크색 드레스를 꺼낸다.

옷장   애 야, 그 옷 입으니까 정말 기가 막히게 아름다워요!

벨   정말 친절하시네요. 하지만 전 식사하러 안 갈 거예요.

옷장   오, 하지만, 가셔야만 해요!

콕스워스가 뒤뚱거리며 들어온다.

콕스워스   에헴, 에헴, 에헴. 저녁 식사가… 준비됐습니다.

---

fly open 휙 열리다
moth 나방
flutter (새, 곤충이 날개를) 파닥이다
ravishing 기가 막히게 아름다운
waddle (오리처럼) 뒤뚱뒤뚱 걷다
Dinner is served. 저녁 식사 준비됐어요.

❶ **That's very kind of you.**
참 친절하시네요.
'참 친절하시네요'라는 의미의 이 문장은 형용사만 바꿔주면 아주 유용하게 쓸 수 있는 패턴 표현이에요. 예를 들어, '참 배려심이 넘치시네요'라고 할 때는 That's very thoughtful of you.라고 하고, '참 다정하시네요'라고 할 때는 That's very sweet of you. 이렇게 표현하지요.

Disney

Beauty AND THE BEAST

The One to Break the Spell

마법을 풀어 줄 사람

🎧 13.mp3

Cut to BEAST **pacing** back and forth in front of fire, with MRS. POTTS and LUMIERE looking on.

아수가 벽난로 앞을 초조하게 왔다 갔다 하고 그 것을 포트 부인과 뤼미에르가 지켜보고 있는 장면

바로 이장면!*

BEAST	What's taking so long? I told her to come down. Why isn't she here yet?!?	아수 뭐가 이렇게 오래 걸리는 거야? 내가 내려오라고 했잖아. 근데 왜 아직도 안 온 거야?!?
MRS. POTTS	Oh, try to be **patient**, sir. The girl has lost her father and her freedom all in one day.	포트 부인 오, 인내심을 가지세요, 주인님. 그녀는 단 하루 만에 아버지와 자유 모두를 잃었잖아요.
LUMIERE	Uh, master. Have you thought that, perhaps, this girl could be the one to break the spell?	뤼미에르 어, 주인님. 그런 생각은 해 보셨어요, 혹시, 이 여인이 마법을 풀어 줄 바로 그 귀인일 수도 있다는 것을?
BEAST	(angrily) Of course I have. I'm not a fool.	아수 (화를 내며) 당연하지. 난 바보가 아니라고.
LUMIERE	Good. You fall in love with her, she falls in love with you, and--**Poof**!--the spell is broken! We'll be human again by **midnight**!	뤼미에르 좋아요. 당신이 그녀를 사랑하게 되고, 그녀도 당신을 사랑하게 되면, 팟! 마법이 풀려요! 우린 자정에 다시 인간이 되는 거죠!

That sounds like a good title for a song—"Human Again"

노래 제목으로 딱 이네요. '다시 인간으로'

MRS. POTTS	Oh, it's not that easy, Lumiere. **These things take time.**❶	포트 부인 오, 그렇게 쉽지만은 않을 거야, 뤼미에르. 이런 일은 시간이 걸리게 마련이야.
LUMIERE	But the rose has already begun to **wilt**.	뤼미에르 하지만 벌써 장미가 시들기 시작했다고요.
BEAST	It's no use. She's so beautiful, and I'm so...well, look at me!	아수 어차피 상관없어. 그녀는 너무나도 아름다운데 난 너무…아, 내 모습을 좀 보라고!

---

pace (특히 초조해서, 또는 화가 나서) 서성거리다

patient 참을성 있는, 인내심 있는

Poof! 〈감탄사〉 (물체가 갑자기 사라지는 모습) 휙, 팟, 슝

midnight 자정, 밤 열두 시

wilt (화초 등이) 시들다, 시들게 하다

❶ **These things take time.**
이런 것들은 시간이 걸리지.
영어 공부도 그렇지만 무언가를 할 때는 시간이 걸리는(take time) 법이죠. 상대방이 허둥지둥 무언가를 할 때도 Take (your) time. (천천히 해, 여유 갖고 해.)라고 할 수 있답니다.

LUMIERE **shrugs his shoulders** and looks at MRS. POTTS.

뤼미에르가 어깨를 으쓱하며 포트 부인을 본다.

MRS. POTTS   Oh, you must help her to **see past** all that.

포트 부인   오, 그런 것을 모두 넘어설 수 있도록 당신이 그녀를 도와야만 해요.

BEAST   I don't know how.

야수   그걸 어떻게 해야 하는지 모르겠어.

MRS. POTTS   Well, you can start by making yourself more **presentable**. **Straighten up**, try to act like a gentleman.

포트 부인   흠, 우선 지금보다는 주인님이 조금 더 남 앞에 나서도 될 만한 모습으로 만드는 것부터 시작해 보죠. 자세로 똑바로 하고 신사답게 행동하도록 노력해 보세요.

BEAST **sits up**, then **straightens his face** very formally.

야수가 똑바로 앉아, 근엄한 표정을 짓는다.

LUMIERE   (adding in) Ah yes, when she comes in, give her a **dashing**, **debonair** smile. Come, come. Show me the smile.

뤼미에르   (덧붙이며) 아, 좋아요. 그리고 그녀가 들어오면 멋지고 당당한 미소를 지으며 그녀를 대하세요. 와 보세요. 오시라고요. 미소를 한번 지어 보세요.

BEAST **bears** his **ragged** fangs in a scary, and yet funny **grin**.

야수가 들쭉날쭉한 송곳니로 무서우면서도 우스꽝스러운 미소를 지어본다.

MRS. POTTS   But don't frighten the poor girl.

포트 부인   하지만 우리 가여운 소녀가 공포에 떨게 하지 말아요.

LUMIERE   Impress her with your **rapier wit**.

뤼미에르   당신의 번득이는 재치로 그녀를 감동하게 하세요.

MRS. POTTS   But be gentle.

포트 부인   하지만 상냥하게.

LUMIERE   **Shower her with compliments.**

뤼미에르   그녀에게 칭찬 공세를 퍼붓는 거예요.

MRS. POTTS   But be sincere.

포트 부인   하지만 진정성 있게.

LUMIERE   And above all...

뤼미에르   그리고 가장 중요한 것은…

BOTH   You must **control your temper!**

함께   주인님의 성미를 다스려야만 해요.

The door creaks open. BEAST **wipes** the silly face **off**, and looks to the door expectantly.

문이 삐걱 열린다. 야수가 바보 같은 표정을 싹 지우고 기대감에 부풀어 문을 쳐다본다.

LUMIERE   Here she is!

뤼미에르   자 여기 그녀가 옵니다!

COGSWORTH enters.

콕스워스가 들어온다.

---

shrug one's shoulders (어깨를) 으쓱하다

see past something ~을 넘어서 보다

presentable (모습이) 남에게 내놓을 만한

straighten up 정돈하다. (자세 따위를) 똑바로 하다

sit up 자세를 바로 하고 앉다, 똑바로 앉다

straighten one's face 진지한 표정을 하다, 정색을 하다

dashing (남자가) 늠름한, 멋진, 근사한

debonair 〈구식〉 (남자가) 멋지고 당당한

bear 〈격식〉 (눈에 보이게) 있다/지니다

ragged 누더기가 된, (가장자리, 표면이) 고르지 못한, 들쭉날쭉한

grin (소리 없이) 활짝 웃음, 크게 웃음

rapier wit 번득이는 재기, 날카로운 재치

shower somebody with ~으로 퍼붓다, 공세를 펴다

compliment 칭찬

control your temper 화를 참다, 성미를 다스리다

wipe something off ~을 없애다, 지우다

COGSWORTH	Uh, good evening.	콕스워스 어, 안녕하세요.

BEAST goes from **expectant** to mad.

야수는 기대감에서 화난 표정으로 바뀐다.

BEAST	(growling) Well, where is she?	야수 (으르렁거리며) 이런, 그녀는 어디에 있는 거야?

COGSWORTH (buying time) Who? Oh! The girl. Yes, the, ah, girl. Well, actually, she's **in the process of**, ah, um, **circumstances being what they are**, ah... she's not coming.

콕스워스 (시간을 끌며) 누구요? 아! 그 여자. 네, 그, 아, 여자. 음, 실은, 그녀가 지금 뭐 하고 있는 중인데, 아, 음, 어떤 상황이냐 하면, 아… 그녀가 못 오게 됐네요.

Cut to ext of den with door slightly **ajar**.

다시 문이 살짝 열려 있는 하인들의 은신처 외부 장면

BEAST	WHAT!!!!!!!	야수 뭐야!!!!

Door bangs open and BEAST comes running out, with OBJECTS **giving chase**.

문이 쾅 소리를 내며 확 열리고 야수가 뛰쳐나오는데, 하인들이 뒤쫓아 나온다.

COGSWORTH Your grace! **Your eminence!** Let's not be **hasty**!

콕스워스 귀해! 전하! 성급하게 판단하지 마소서!

Cut to ext of BELLE's room. BEAST runs up to it and bangs on the door.

벨의 방의 외부 장면. 야수가 그 위로 뛰어오르고 문을 세게 두드린다.

BEAST	(Yelling) I thought I told you to come down to dinner!	야수 (소리치며) 내가 분명 저녁 먹으러 오라고 하지 않았소!

BELLE	(From behind the door) I'm not hungry.	벨 (문 뒤쪽으로부터) 배 안 고파요.

BEAST	You'll come out or I'll...I'll **break down** the door!	야수 지금 당장 나오든지 아니면 나… 나는 이 문을 부술 테요!

LUMIERE (interrupting) Master, **I could be wrong, but**[1] that may not be the best way to **win the girl's affections**.

뤼미에르 (중간에 끊으며) 주인님, 제 생각이 틀릴 수도 있지만 그렇게 하는 것은 그녀의 사랑을 얻기 위한 최선의 방법은 아닐 수도 있을 것 같은데요.

COGSWORTH	(pleading) Please! Attempt to be a gentleman.	콕스워스 (간청하며) 제발! 신사답게 행동해 보세요.

---

expectant (좋거나 신나는 일을) 기대하는
buy time 시간을 벌다
in the process of ~의 과정에서
circumstances being what they are 상황이 상황이니만큼
ajar 약간 열린
Your eminence! 지위가 높은 사람을 부를 때 호칭 (eminence 전문 분야에서의 명성)
hasty (부정적) 성급한, 서두르는
win somebody's affections ~의 애정을 얻다, 사랑을 받다

[1] **I could be wrong, but...**
내가 잘못하는 생각하는 것일 수도 있지만…
의견을 제안하거나 자신의 생각을 피력할 때
'내가 잘못하는 생각하는 것일 수도 있지만'
이라는 뉘앙스로 쓰는 표현이에요.

BEAST	(growing angrier) But she is **being** so...**difficult**!	**야수**	(더 역정을 내며) 하지만 그녀가 너무… 까다롭게 굴고 있잖아!
MRS. POTTS	**Gently,**[1] gently.	**포트 부인**	부드럽게, 부드럽게.
BEAST	(very dejected) Will you come down to dinner?	**야수**	(힘을 쭉 빼고) 저녁 식사하러 내려와 주겠소?
BELLE	No!	**벨**	싫어요!

BEAST looks at the OBJECTS, very **frustrated**.

야수가 완전 풀이 죽어서 하인들을 쳐다본다.

COGSWORTH	Suave. Genteel.	**콕스워스**	온아하게. 고상하게.
BEAST	(Trying to act formal, **bowing** at the door) It would give me great pleasure if you would join me for dinner.	**야수**	(정중하게 하려고 문에 고개를 숙이며) 저와 함께 저녁 식사에 동참해 주신다면 정말 큰 기쁨일 것 같소.
COGSWORTH	Ahem, ahem, we say 'please.'	**콕스워스**	에헴, 에헴, 우린 이럴 때 '제발'이라고 하죠.
BEAST	(once again dejected) ...please.	**야수**	(다시 한번 기운 없이) …제발.
BELLE	(Mad at BEAST) No, thank you.	**벨**	(야수에게 화를 내며) 아뇨, 괜찮아요.
BEAST	(**furious**) You can't stay in there forever!	**야수**	(격분하며) 영원히 거기에 있을 수는 없을 거 아니야!
BELLE	(**provokingly**) Yes I can!	**벨**	(도발적으로) 왜 못해요!
BEAST	Fine! Then go ahead and **STARVE**!!!! (To OBJECTS) If she doesn't eat with me, then she doesn't eat at all!	**야수**	좋아! 그러면 계속 그렇게 있다가 굶어 죽어!!!! (하인들에게) 이 여자가 나랑 같이 안 먹으면 아예 굶기라고!

---

being difficult 까다롭게 구는, 협조적이지 않아 상대방을 난처하게 만드는
frustrated 좌절감을 느끼는, 낙담한, 일이 뜻대로 풀리지 않아 답답해하는
suave (특히 남자가) 정중한, 상냥한, 온아한
genteel (흔히 과장되게) 고상한, 상류층의
bowing 머리를 숙이다, 허리를 굽히다
furious 몹시 화가 난, 맹렬한
provokingly 자극적으로, 짜증나게, 도발하듯이
starve 굶주리다, 굶어 죽다

> ❶ **Gently.**
> 부드럽게.
> gently는 gentle의 부사 형태로 '다정하게, 부드럽게'라는 뜻입니다. 비격식적으로 '조심해, 살살 해'라고도 쓰인답니다.

Hopeless Monster

희망 없는 야수

🎧 14.mp3

BEAST runs back down the hall, slamming a door and causing a piece of the ceiling to fall on LUMIERE.

야수가 복도를 뛰어 내려오며 문을 쾅 닫자 천장 일부가 뤼미에르 위로 떨어진다.

MRS. POTTS   That didn't go very well at all, did it?

포트 부인   일이 그렇게 잘 진행된 것 같지는 않네, 그지?

COGSWORTH   Lumiere, **stand watch** at the door and **inform** me at once if there is the slightest change.

콕스워스   뤼미에르, 문 앞에 보초를 서고 있다가 혹시 조금이라도 변화가 있으면 바로 알려 줘.

LUMIERE   (**Taking guard position** next to door) **You can count on me**❶, mon capitan.

뤼미에르   (문 옆에서 경계태세를 갖추고) 날 믿어요, 대장님.

COGSWORTH   Well, I guess we better go downstairs and start cleaning up.

콕스워스   흠, 이제 아래층으로 내려가서 정돈을 시작해야겠네요.

Cut to int of BEAST's **lair**. BEAST enters, knocking over and destroying things in his path.

야수의 방의 내부 장면. 야수가 자기가 움직이는 길에 있는 모든 물건을 밀치고 부수며 들어온다.

바로 이장면!

BEAST   I ask nicely, but she refuses. What a...what does she want me to do--**beg**? (Picking up the MAGIC MIRROR) Show me the girl.

야수   난 상냥하게 물었는데, 그녀가 거절했어. 뭐, 도대체 날 보고 어쩌라는 거야, 빌기라고 하라는 건가? (마법 거울을 들며) 그녀를 보여 줘.

The MAGIC MIRROR shines, then glows green and reveals BELLE in her bedroom, talking to the WARDROBE.

마법 거울이 빛나고, 초록색으로 변하며 방에 있는 벨이 보이고, 옷장과 대화하고 있다.

WARDROBE   (in mirror pleading) Why, the master's not so bad once you get to know him. Why don't you give him a chance?

옷장   (거울 속에서 간청하며) 아유, 주인님도 알고 보면 그렇게 나쁜 분이 아니세요. 그에게 한 번만 기회를 주시면 어떨까요?

---

stand watch 당직을 서다, 보초서다

inform 정보를 전하다, 알리다

take guard position 경계태세를 갖추다

mon capitan 〈프랑스어〉 나의 선장님, 대장님 (= my captain)

lair (야생동물의) 집, 굴, (사람이 숨는) 은신처

beg 빌다, 간청하다

❶ **You can count on me.**
날 믿어도 좋아요.
누군가가 기대에 부응해 줄 것을 믿고 기대하고 의지할 때 쓰는 표현이 count on someone이에요. 위의 문장은 '날 믿어도 좋아' '내가 잘 해낼 테니 기대하고 의지해도 좋아'라는 의미랍니다.

BELLE	(still disturbed by the attack) I don't want to get to know him. I don't want to have anything to do with him!	벨 (아직도 공격으로 인해 마음이 상해서) 난 그와 친해지고 싶지 않아요. 난 그와 아무것도 하고 싶지 않다고요!
BEAST	(**setting down** MAGIC MIRROR, speaking tenderly) **I'm just fooling myself.**❶ She'll never see me as anything...but a monster.	야수 (마법 거울을 내려놓으며 부드럽게 말한다) 나 **스스로**를 기만하고 있는 거야. 그녀는 나를 어떤 존재로도 보지 않을 거야…야수 말고는.

Another petal falls off the rose. / 장미에서 잎이 또 하나 떨어진다.

BEAST	It's **hopeless.**	야수 가망이 없어.

BEAST puts his head in his hands as **in a depressed state**. Fade out/ Fade in to ext of BELLE's room. Door creaks open. BELLE silently **emerges**. We see her feet **go by** as three bright spots shine through a curtain at floor level. Behind it are LUMIERE and FEATHERDUSTER.

야수는 우울한 듯 그의 얼굴을 자신의 손으로 감싼다. 화면이 희미해졌다가 다시 밝아지면서 벨의 방 외부가 보인다. 문이 삐걱거리며 열린다. 벨이 조용히 등장한다. 1층 커튼의 세 지점에 밝은 조명이 비추면서 벨의 발이 지나가는 모습이 보인다. 그 뒤로 뤼미에르와 먼지떨이가 있다.

FEATHERDUSTER Oh, no! / 먼지떨이 오, 안 돼!

LUMIERE Oh, yes! / 뤼미에르 오, 돼!

FEATHERDUSTER Oh, no! / 먼지떨이 오, 안 돼!

LUMIERE Oh, yes, yes, yes! / 뤼미에르 오, 된다, 돼, 된다고!

FEATHERDUSTER I've been burnt by you before! / 먼지떨이 난 너 때문에 화상 입은 적이 있어!

LUMIERE and FEATHERDUSTER have emerged and LUMIERE **takes her in his arms**. Suddenly he looks up and sees BELLE walking down the hall. He drops FEATHERDUSTER.

뤼미에르와 먼지떨이가 나타나고 뤼미에르가 그녀를 두 팔로 안고 있다. 갑자기 그가 위를 쳐다보고 벨이 복도를 걸어가는 것을 본다. 그가 먼지떨이를 떨어뜨린다.

FEATHERDUSTER Oof! / 먼지떨이 으악!

LUMIERE **Zut alors!** She has emerged! / 뤼미에르 세상에나! 그녀가 나타났어!

---

set something down ～을 바닥에 내려놓아 세우다
fool oneself 기만하다, 바보 짓을 하다
hopeless 희망이 없는, 가망 없는, 절망적인
in a depressed state 우울한 기분으로, 우울한 상태로
emerge 나오다, 모습을 드러내다, 등장하다
go by 지나가다, 흐르다
take someone in one's arms ～을 두 팔로 껴안다
Zut alors! 〈감탄사, 프랑스어〉 (놀라운 일에 대해) 우와, 앗, 세상에나

❶ **I'm just fooling myself.**
나 스스로를 기만하는 거야.
fool은 명사로는 '바보', 동사로는 '속이다, 기만하다'라는 뜻이 있습니다. fool oneself는 '～자신을 기만하다'라는 의미이죠. 이 장면에서는 의도하지 않게 자기를 속이는 행동을 한 것에 자책하고 있습니다.

Cut to kitchen, where we find COGSWORTH, MRS. POTTS, CHIP and the STOVE.

주방 장면. 콕스워스, 포트 부인, 칩. 그리고 스토브가 같이 있다.

MRS. POTTS   Come on, Chip. Into the cupboard with your brothers and sisters. (helping him in)

포트 부인 칩, 말 좀 들어. 네 형과 누나와 같이 찬장으로 들어가렴. (들어가도록 부추긴다)

CHIP   But I'm not sleepy.

칩 하지만 난 안 졸린다고요.

MRS. POTTS   Yes you are.

포트 부인 넌 지금 졸린 거야.

CHIP   No, I'm...not.

칩 아니에요. 난…안 졸려요.

He falls asleep and MRS. POTTS shuts the cupboard door. A banging of **pots and pans** comes from the STOVE.

그가 잠들고 포트 부인은 찬장 문을 닫는다. 스토브에서 냄비와 프라이팬들이 쿵쾅거린다.

STOVE   I work and I slave all day, and for what? A **culinary masterpiece gone to waste**.

스토브 난 온종일 일하고 또 노예처럼 고된 삶을 살고 있는데, 내가 뭐하러 이러고 사냐고? 내 걸작 요리가 또 쓸모없이 되었다고.

MRS. POTTS   Oh, stop your **grousing**. It's been a long night for all of us.

포트 부인 아, 불평 좀 그만해. 우리 모두에게 아주 고되고 힘든 밤이었다고.

COGSWORTH   Well, **if you ask me**[1], she was just being stubborn. After all, the master did say 'please.'

콕스워스 글쎄, 내 개인적인 생각엔 말이지, 그녀가 그냥 고집부린 걸 거야. 어쨌든 주인님은 '제발'이라고 말을 했거든.

MRS. POTTS   But if the master doesn't learn to control that temper, he'll never break the—

포트 부인 하지만 주인님께서 성미를 다스리는 법을 배우지 못하면 절대 풀 수…

BELLE enters, and COGSWORTH cuts off MRS. POTTS before she can say 'spell.'

벨이 들어오고 포트 부인이 '마법'이라는 말을 하기 전에 콕스워스가 말을 끊는다.

COGSWORTH   (interrupting) Splendid to see you **out and about**, **mademoiselle**.

콕스워스 (중간에 말을 끊으며) 다시 나와서 돌아다니시니 정말 좋네요, 아가씨.

LUMIERE comes running in.

뤼미에르가 뛰어들어온다.

COGSWORTH   I am Cogsworth, **head of the household**.

콕스워스 전 콕스워스, 이 집의 집사예요.

---

pots and pans 냄비와 프라이팬, 취사도구
culinary 〈격식〉 요리의, 음식의
masterpiece 걸작, 명작, 일품
go to waste 낭비되다, 수포로 돌아가다
grouse 불평하다, 투덜대다
out and about (병을 앓고 난 후에) 다시 나타나는
mademoiselle 아가씨, ~양
head of the household 가장, 집사

❶ If you ask me...
제 생각에는…
우린 자신의 의견을 말하고 싶을 때 in my opinion이라는 표현을 가장 많이 쓰죠? 그 표현을 사용하는 것이 식상하다면 이제 이 표현을 알아두세요. 구어체에서 '제 생각엔, 제 의견으로는' 뜻으로 자주 쓰이는 표현이에요. 누가 굳이 의견을 묻지 않았을 때 자신의 개인적인 의견을 이야기하고 싶을 때 주로 쓰인답니다.

He **leans over** to kiss her hand, but LUMIERE **butts in** front of him.

COGSWORTH This is Lumiere.

LUMIERE En chante, cherie.

COGSWORTH If there's anything...stop that...that we can...please (finally **shoving him out of the way**)...to make your stay more comfortable.

LUMIERE burns the hand of COGSWORTH.

COGSWORTH Ow!!!!

BELLE I am a little hungry.

MRS. POTTS (excited, to the other tea pots) You are? Hear that? She's hungry. **Stoke the fire, break out the silver**, wake the **china**.

The fire on the STOVE **roars to life**, and drawers open to reveal silverware **standing at attention**.

그가 그녀의 손에 입 맞추기 위해 몸을 기울이는데 뤼미에르가 그의 앞으로 끼어든다.

콕스워스 이쪽은 뤼미에르예요.

뤼미에르 반갑습니다. 아름다운 아가씨

콕스워스 혹시라도 필요하신 게 있으면…그만 좀 해…우리가 그러니까…제발 (결국, 그를 밀어내버린다) 아가씨가 편히 계실 수 있도록 말이죠.

뤼미에르가 콕스워스의 손을 태운다.

콕스워스 아야!!!

벨 배가 좀 고프네요.

포트 부인 (기분이 한껏 고조되어 다른 차주전자에게) 그러세요? 들었어? 배가 고프시데. 불을 지피고, 식기를 꺼내서 준비하고, 자기 그릇도 깨워.

스토브의 불이 생기를 되찾아 활활 타고 서랍장들이 열리면서 은그릇 세트가 '차렷' 자세로 기다리고 있다.

---

lean over 몸을 기울이다, 상체를 구부리다
butt in (대화 중에) 불쑥 끼어들다
En chante 〈프랑스어〉 안녕하세요, 반갑습니다
cherie (여성에게 말을 걸 때 쓰는 표현) 귀여운/아름다운 아가씨
shove someone out of the way ~을 밖으로 밀어내다
stoke the fire 불을 지피다, 불을 때다, 연료를 더 넣다
break something out (~을 사용하기 위해) 꺼내놓다, 준비하다
the silver 은그릇 세트, 은식기류 (= silverware)

china 자기 그릇
roar to life 다시 활기를 찾다, (생기 없는 상태에서) 되살아나다
(roar 으르렁거리다, 포효하다)
stand at attention '차렷' 자세를 취하다

Be Our Guest!

우리의 손님이 되어 주세요!

🎧 15.mp3

*바로 이장면!**

COGSWORTH	(secretively) Remember what the master said?	콕스워스 (은밀하게) 주인님이 뭐라고 했는지 기억해?
MRS. POTTS	Oh, **pish tosh**. I'm not going to let the poor child go hungry.	포트 부인 오, 쓸데없는 소리. 우리 불쌍한 소녀가 배고프게 할 수는 없어.
COGSWORTH	(thinking he is **giving in to the ultimate demand**) Oh, all right. Glass of water, **crust of bread**, and then—	콕스워스 (그가 최종 요청에 굴하는 것으로 생각하며) 오, 알았어. 물 한잔, 빵 껍데기, 그리고…
LUMIERE	Cogsworth, I am **surprised at** you. She's not our prisoner. She's our guest. We must make her feel welcome here. (to BELLE) **Right this way**, mademoiselle.	뤼미에르 콕스워스, 너에게 놀랐는걸. 그녀는 우리의 포로가 아니야. 우리의 손님이라고. 그녀가 여기서 환대받고 있다는 마음을 갖게 해야 해. (벨에게) 이쪽으로, 아가씨.
COGSWORTH	Well, **keep it down**. If the master finds out about this, it will be our necks!	콕스워스 아, 조용히 해. 만약에 주인님이 이 사실을 알게 되면, 우리는 끝장이야!
LUMIERE	Of course, of course. But what is dinner without a little music?	뤼미에르 물론, 물론이지. 하지만 약간의 음악도 없이 저녁 식사가 무슨 맛이 있겠어?

LUMIERE has started out the **swinging door**. He lets it close, and the door hits COGSWORTH and sends him across the room to land in a pan filled with (what looks like) **pancake batter**. He **screams his line** as he is **in flight**.

뤼미에르가 자동문 놀이를 시작했다. 그가 문을 닫히게 놔두자 문이 콕스워스를 치고 그 충격으로 그가 건너편으로 날아가 팬케이크 반죽으로 보이는으로 가득 찬 냄비에 떨어진다. 그가 공중에 날아가면서 그의 대사를 외친다.

COGSWORTH MUSIC!?!

콕스워스 음악?!

---

secretively 비밀스럽게, 은밀하게

pish tosh 〈경멸적〉 말도 안 되는 소리, 헛소리, 흥 웃기시네

give in to the demand 요구에 굴하다

ultimate 궁극적인, 최후의, 최종적인

crust of bread 빵 껍질

surprised at ~에 놀란

Right this way (주로 식당에서 손님에게 자리를 안내하며) 자, 이쪽으로 오세요.

keep it down 조용히 하다

swinging door (안팎으로 저절로 여닫히는) 자동식 문, 스윙도어

pancake batter 팬케이크 반죽

scream one's line 그의 대사를 소리치며 말하다

in flight 공중을 날고 있는

Cut to dining room, where BELLE is seated at the end of a long table. LUMIERE is on the table and a **spotlight** shines on him.

식당 장면. 벨이 긴 식탁의 끝에 앉아있다. 뤼미에르가 식탁 위에 있고 조명이 그를 비춘다.

LUMIERE **Ma chere**, mademoiselle. It is with deepest pleasure and greatest pride that I welcome you tonight. And now, we invite you to relax. Let us **pull up a chair** as the **dining room proudly presents**...your dinner.

Be our guest, be our guest
Put our service to the test, tie your napkin 'round your neck, cherie and we provide the rest!

뤼미에르 귀하신 우리 아가씨. 오늘 밤 저의 마음 속 깊은 곳에서 우러나오는 기쁨과 자부심으로 당신을 환영합니다. 자 이제 마음을 편하게 가지세요. 우리가 의자를 당겨드릴 테니 앉으세요. 식당에서 당신의 저녁을 맛있게 준비했답니다.

우리의 손님이 돼 줘요. 손님이 돼 줘요
우리에게 봉사할 기회를 주세요. 목에 냅킨을 두르세요. 나머지는 우리가 해드릴게요!

The CHAIR has wrapped a napkin around the neck of BELLE, who takes it off and **places it on her lap**. The CHAIR's arms put its hands on its 'waist' as if it were mad.

'의자'가 벨의 목에 냅킨을 둘러주고 그녀는 그것을 풀어 자신의 무릎 위에 올려놓는다. '의자'는 삐친 듯 손을 자신의 '허리'에 올린다.

LUMIERE **Soup du jour**, hot **hors d'oeuvres**.
Why, we only live to serve.
Try the grey stuff, it's delicious.
Don't believe me? Ask the dishes!

뤼미에르 수프도 준비됐어요. 따뜻한 애피타이저도 있지요.
오, 우리는 이 서비스를 위해 살아왔죠.
이 회색 음식도 들어 보세요. 아주 맛있어요.
못 믿겠나요? 접시들에게 물어봐요!

LUMIERE offers BELLE a plate of hors d'oeuvres. She **dips** her finger in one, and tastes it.

뤼미에르가 벨에게 애피타이저 한 접시를 권한다. 그녀가 손가락으로 찍어서 맛을 본다.

LUMIERE They can sing, they can dance.
After all, miss, this is France!
And a dinner here is never **second best**!
Go **on unfold** your menu, **take a glance** and then you'll, be our guest, be our guest, be our guest!

뤼미에르 그들은 노래도 부르고, 춤도 출 수 있죠.
어찌 됐건, 아가씨, 여긴 프랑스잖아요!
여기 저녁 식사는 둘째가라면 서럽죠!
어서요, 메뉴를 펼쳐요. 한번 보면 당신은 우리의 손님이 돼 줘요. 손님이 돼 줘요. 손님이 돼 줘요!

A cabinet at the end of the table opens to reveal a large CHINA collection, which **rolls out** and begins to perform. LUMIERE hands BELLE a menu, which she begins to read.

식탁의 끝에 있는 캐비닛이 열리며 많은 자기 그릇 세트가 보이고 그들이 굴러오며 공연을 시작한다. 뤼미에르가 벨에게 메뉴를 주고 그녀가 그것을 읽는다.

---

spotlight 스포트라이트, 조명등, 환한 불빛

Ma chere 〈프랑스어〉(여성·소녀를 부르는 말로) 여보, 얘야 (= my dear)

pull up a chair 의자를 앞으로 당기다

dining room 식당, 식사를 하는 방

proudly present 자랑스럽게 내놓다, 선보이다

put something to the test ~을 시험대에 올리다, 시험해 보다

place something on one's lap (앉아있는 자세에서) ~을 무릎에 올리다

Soup du jour 〈프랑스어〉(식당의) 특별한 날에 나오는 수프

hors d'oeuvres 〈프랑스어〉 애피타이저, 전체요리

dip (액체에) 살짝 담그다/적시다

second best 차선의, 둘째로 가장 좋은

on unfold 펴다, 펼치다

take a glance 흘낏 보다, 잠깐 살펴보다

roll out 뒹굴며 나오다, 굴러 나오다

LUMIERE	Beef **ragout**, **cheese soufflé**, Pie and pudding **en flambe**! We'll prepare and serve with **flair**. A **culinary cabaret**!	뤼미에르 맛있는 고기도 있고, 치즈 수플레, 파이와 불붙은 푸딩도 있지요! 우리가 준비해서 선보여 드릴게요. 음식 카바레!

Plates of food go dancing by, with COGSWORTH in the pudding. LUMIERE sets his torch to it, and it explodes, turning COGSWORTH's face black with **soot**.

음식들이 담긴 접시들과 푸딩 안에 들어간 콕스워스가 춤을 추며 지나간다. 뤼미에르가 자신의 촛불을 그곳에 가져다 대니 타버리고 그의 얼굴이 검댕으로 까맣게 된다.

LUMIERE	You're alone and you're scared, But the banquet's all prepared! No one's **gloomy** or complaining, While the **flatware's** entertaining!	뤼미에르 당신은 혼자이고 무서울 수도 있어요, 하지만 만찬은 준비되어 있어요! 어느 누구도 우울하거나 불평하지 않죠, 이 납작한 식기들이 우리를 즐겁게 해주는 동안은요!
	We **tell jokes**, I do tricks. With my fellow candlesticks.	우리는 농담도 해요, 저는 묘기도 하죠. 나의 촛대 친구들과.

LUMIERE, standing on a plate, is **elevated** and begins to juggle his candles. MUGS **enter the shot**.

접시 위에 서 있던 뤼미에르가 위로 들려 올려지고 그의 초로 저글링을 한다. 잔들이 새롭게 이 장면에 등장한다.

MUGS	And it's all **in perfect taste**. That you can bet!!!	머그잔들 그리고 완벽한 맛이죠. 내기해도 좋을 정도로!!!

The MUGS begin a gymnastics routine, hopping over one another and **passing a beverage from one to the next**.

잔들이 체조 루틴을 시작한다. 서로 깡총깡총 뛰어넘고 음료수를 다음 또 그다음 잔에게로 넘기고 있다.

ALL	Come on and lift your glass, You've won your own **free pass**. To be our guest, be our guest, be our guest!	모두 이리 와서 잔을 들어요. 당신은 무료입장권을 가졌어요. 우리의 손님이 될 수 있는, 우리의 손님이 돼 줘요, 손님이 돼 줘요.
LUMIERE	If you're stressed, it's fine dining we suggest!	뤼미에르 당신이 스트레스를 받았다면, 우리가 제안하는 고급 요리를 드셔 보세요!
ALL	Be our guest, be our guest, be our guest!	모두 우리의 손님이 돼 줘요, 손님이 돼 줘요, 손님이 돼 줘요!

---

ragout 〈프랑스어〉 라구 (고기와 야채에 갖은 양념을 하여 끓인 음식)

cheese soufflé 〈프랑스어〉 부드러운 치즈 수플레 요리

en flambe (프랑스 요리법) 요리에 알코올을 붓고 불꽃을 일으켜 요리하는 조리법

flair 아주 흥미진진한 상황/것, 천성적으로 타고난 재주

culinary cabaret 음식 카바레, 요리의 향연

soot 그을음, 검댕

gloomy 우울한

flatware 납작한 식기들

tell jokes 농담/우스개 소리를 하다

elevate (들어) 올리다

enter the shot 장면에 등장하다

in perfect taste 맛이 완벽한

That you can bet! 그건 확실하다, 내기 걸어도 좋다.

pass something from one to the next ~을 다음 또 그 다음 사람으로 계속 연결해서 패스하다

free pass 무료입장권

Good Old Days
즐거웠던 옛 시절

🎧 16.mp3

ALL leave except COGSWORTH, who looks scared, then begins to **inch** away. LUMIERE enters and holds him there.

콕스워스만 빼고 모두 떠나고, 그는 두려운 표정으로 천천히 물러가기 시작한다. 뤼미에르가 들어와서 그를 거기에 붙잡아 둔다.

바로 이장면!*

LUMIERE Life is so **unnerving**,
For a servant who's not serving!
He's not whole without a soul to wait upon.

뤼미에르 인생은 너무 무기력하죠.
시중들 수 없는 하인에게는!
뭔가 기다릴 수 있는 게 없다면 그는 완전하지 않아요.

COGSWORTH Get off!

콕스워스 저리 가!

LUMIERE Ah, those **good old days** when we were useful
Suddenly, those good old days are gone.

뤼미에르 아, 우리가 유용했던 옛 시절들
갑자기, 그 좋은 시절들이 사라져 버렸죠.

LUMIERE sings as if he were **reminiscing**. Snow begins to fall. COGSWORTH looks up and sees the salt and pepper shakers **doing their thing**.

뤼미에르가 추억에 잠긴 듯 노래를 한다. 눈이 오기 시작한다. 콕스워스가 위를 보니 소금통과 후추통이 자신들이 원래 하던 일들을 하는 것을 본다.

LUMIERE Ten years we've been **rusting**.
Needing so much more than **dusting**.
Needing exercise, a chance to use our skills!

뤼미에르 지난 10년간 우리는 녹만 슬었죠.
먼지 터는 거보다 더 필요한 일이 있는데.
연습이 필요하죠, 우리의 기술을 사용할 기회!

LUMIERE dusts the salt of the head of COGSWORTH, who tries to escape. He **trips and falls** into the gelatin **mold**.

뤼미에르가 도망가려고 하는 콕스워스의 머리에 묻은 소금을 털어준다. 그가 걸려 넘어져서 젤라틴 주형 속으로 들어간다.

LUMIERE Most days just **lay around** the castle,
Flabby fat and lazy.
You walked in, and **oops-a-daisy**!

뤼미에르 대부분 우리는 성에 처박혀 있으면서,
기력 없이 살찌고 게을러졌죠.
당신이 걸어 들어 왔죠, 오 이런!

---

inch 조금씩/서서히 움직이다

unnerving 불안하게 만드는, 끔직한, 기운/용기를 꺾는

Get off! 〈명령문〉 손 떼/놔; 이거 놔!

good old days 좋았던 옛 시절

reminisce 추억에 잠기다, 회상에 잠기다

do one's thing 제 할 일을 하다, 자기에게 주어진 일을 하다

rust 녹슬다, 부식하다

dust 먼지를 털다/닦다

trip and fall 걸려 넘어지다

mold 주형, 틀, 거푸집

lay around 빈둥거리다

flabby 축 늘어진, 무기력한

oops-a-daisy (놀라거나 넘어지거나 했을 때 일으켜 주며) 영차, 으랏차, 으쌰

LUMIERE jumps on a spoon in the gelatin, which **catapults** COGSWORTH out of the mold. Cut to kitchen, where MRS. POTTS is surrounded by soap bubbles.

리미에르가 젤라틴에 들어있는 숟가락에 뛰어오르고 그러면서 콕스워스가 주형 밖으로 내던져진다. 주방 장면, 포트 부인이 비누 거품에 둘러 쌓여 있다.

MRS. POTTS   It's a guest, it's a guest!
Sakes alive, well, I'll be blessed!
Wine's been poured and thank the Lord.
I've had the napkins **freshly pressed**!

포트 부인 손님이야, 손님이 왔어!
놀라워, 음, 우리는 축복받은 거야!
와인을 따르고 신께 감사드리지.
막 다림질한 냅킨도 준비해 두었죠!

MRS. POTTS continues to dance around the kitchen.

포트 부인이 주방에서 계속해서 춤을 춘다.

MRS. POTTS   With dessert, she'll want tea,
And my dear, that's fine with me!
While the cups do their **soft shoeing**,
I'll be bubbling, I'll be **brewing**!

포트 부인 디저트와 함께, 그녀는 차도 원하겠지,
오호, 그렇다면 나야 좋지요!
컵들이 춤을 추는 동안,
나는 거품을 내기도 하고, 끓이기도 할 거야!

I'll get warm, **piping hot**.
Heaven's sake, is that a spot?
Clean it up, we want the company impressed!
We've got a lot to do--
Is it one lump or two?
For you our guest!

난 따뜻하게 될 거야, 뜨거워질 거야.
이런, 맙소사! 얼룩 아냐?
깨끗하게 닦아, 우리는 손님을 감동시키길 원해!
우리는 할 일이 많다—
각설탕 하나? 두 개?
당신, 우리의 손님을 위해!

MRS. POTTS is **cleaned off** by a napkin. She hops onto the tea cart and rolls into the dining room, where she offers tea to BELLE.

포트 부인은 냅킨으로 깨끗하게 닦였다. 그녀가 다과용 운반대에 뛰어오르고 식당으로 굴러가서 벨에게 차를 권한다.

ALL   She's our guest!

모두 그녀는 우리의 손님이야!

MRS. POTTS   She's our guest!

포트 부인 그녀는 우리의 손님이야!

ALL   She's our guest!
Be our guest! Be our guest!
Our command is your request!❶
It's ten years since we had anybody here.
And we're obsessed!

모두 그녀는 우리의 손님이야!
손님이 돼 줘요! 손님이 돼 줘요!
명령만 내리세요 원하시는 건 모두 다 대령할게요!
10년째 여기에 아무도 오지 않았어요.
우린 집착해요!

With your meal, with your ease,
Yes indeed, we aim to please.

당신의 식사와, 당신의 안락함만을.
네 정말이에요, 우리의 목표는 당신이 기뻐하는 것.

---

catapult 갑자기 내던지다

sakes alive 〈감탄사〉 이것 참 놀랐는걸

freshly pressed 새로 다림질을 한

soft shoe 소프트 탭댄스를 추다 (징을 박지 않은 구두를 신고 추는 탭댄스)

brew (맥주를) 양조하다, (커피, 차를) 끓이다

piping hot 몹시 뜨거운

Heaven's sake 〈감탄사〉 이런, 맙소사

clean off ~에서 깨끗이 닦아내다

> ❶ **Our command is your request!**
> 뭐든지 말만 하세요!
> '뭐든지 말만 하세요, 다 들어드리지요'라는
> 뉘앙스의 표현이에요. Command는
> '명령'이라는 뜻인데, 언뜻 이 표현을 직역하면
> '우리의 명령이 당신의 요청이다!' 잘 와 닿지
> 않을 수도 있으니, 의미를 잘 기억해 두세요.

While the candlelight's still glowing.
Let us help you, we'll keep going—

The CHINA and CANDLESTICKS perform an **elaborately choreographed** dance **sequence**, ending in a **c.u.** of LUMIERE.

ALL (esp. LUMIERE)
> **Course, by course.**
> **One by one.**
> 'Til you shout "Enough, **I'm done!**"
> Then we'll sing you **off to sleep** as you **digest.**
> Tonight you'll **prop** your feet up,
> But for now, let's **eat up.**
> Be our guest! Be our guest! Be our guest!
> Please, be our guest!!

A fantastic ending comes of the song, with SILVERWARE flying through the air, PLATES and FEATHERDUSTERS dancing, and COGSWORTH the **focus of attention**, until LUMIERE comes sliding in and sends him flying out of camera range.

촛불이 계속 타는 동안
우리가 당신을 도와줄게요. 그렇게 하게 해주세요—

자기 그릇과 촛대가 정교하게 잘 짜인 춤 공연을 보여주고, 뤼미에르가 클로즈업되면서 끝난다.

모두 (특히 뤼미에르)
한 코스씩
하나하나씩
당신이 "충분해요, 이제 배불러요."라고 외칠 때까지.
우리는 노래 부를 거예요. 당신이 소화하고 잠이 들 때까지.
오늘 밤 발을 편하게 올려놓고 쉬세요.
하지만 우선 지금은, 음식을 다 드세요.
손님이 돼 줘요! 손님이 돼 줘요! 손님이 돼 줘요!
제발, 우리의 손님이 돼 줘요!!

이 노래는 은그릇들이 공중에 날아다니고, 접시들과 먼지떨이가 춤추고, 콕스워스가 초점의 중심이 되다가 뤼미에르가 미끄러져 들어오면서 콕스워스를 카메라 앵글 밖으로 날아가게 하는 환상적인 피날레를 장식한다.

---

elaborately 정교하게, 공들여, 애써서
choreograph 안무를 하다
sequence (사건, 행동 등의) 순서, 차례로 배열하다
c.u. 근접 촬영, 클로즈업 (= close-up)
course by course 한 코스씩 계속해서
one by one 하나하나씩 (차례차례)
I'm done. 됐어요, 배불러요
off to sleep 잠이 드는, 잠에 빠지는

digest 소화하다
prop (받침대 등을) 받치다 (prop ~ up)
eat up ~을 다 먹다
focus of attention 관심의 초점, 관심이 집중되는 것

The Tour of the Enchanted Castle
마법의 성 구경

🎧 17.mp3

바로 이장면!

<u>BELLE</u>	Bravo! That was wonderful!	벨 브라보! 정말 멋졌어요!
<u>COGSWORTH</u>	Thank you, thank you, mademoiselle. Yes, good show, wasn't it, everyone? (Looking at his own face) Oh, my goodness, will you look at the time? Now, it's off to bed, off to bed!	콕스워스 감사합니다, 감사합니다, 아가씨. 네, 멋진 쇼였어요, 그렇죠 모두들? (자신의 얼굴을 보면서) 맙소사, 시간을 보시겠어요? 이제, 취침 시간이에요, 취침!

LUMIERE comes up next to COGSWORTH.

뤼미에르가 콕스워스 옆으로 다가온다.

<u>BELLE</u>	Oh, I **couldn't possibly** go to bed now. **It's my first time**❶ in an **enchanted** castle.	벨 오, 절대 지금 자러 갈 수는 없어요. 마법에 걸린 성은 처음이에요.
<u>COGSWORTH</u>	Enchanted? Who said anything about the castle being enchanted?	콕스워스 마법에 걸렸다고? 성이 마법에 걸렸다고 누가 그런 소릴 해요?

He tries to **cover** it **up**, just as a fork **runs past**.

그는 사실을 감추려고 하는데, 그 순간 포크가 옆으로 빠르게 지나간다.

<u>COGSWORTH</u>	(to LUMIERE) It was you, wasn't it?	콕스워스 (뤼미에르에게) 너였지, 맞지?
<u>BELLE</u>	I, um, **figured it out** for myself.	벨 제가, 어, 스스로 알아차린 거예요.

COGSWORTH and LUMIERE have been fighting. They both look at her, then stop. COGSWORTH **dusts himself off**, and LUMIERE fixes his **wax nose**.

콕스워스와 뤼미에르가 싸우고 있다가 그녀를 쳐다보며 멈춘다. 콕스워스는 자신의 몸에서 먼지를 털어내고, 뤼미에르는 자기 밀랍 코를 만지며 고친다.

<u>BELLE</u>	I'd like to look around, if that's all right.	벨 성안을 돌아보고 싶어요, 그래도 괜찮다면요.
<u>LUMIERE</u>	(excited) Oh! Would you like a tour?	뤼미에르 (흥분하며) 오! 구경시켜 드릴까요?

---

can't possibly 〈강조〉 절대/아무래도/도저히 ~할 수 없다
enchanted 마법에 걸린
cover up (어떤 사실 따위를) 감추다, 숨기다
run past (한쪽에서 다른 쪽으로) 뛰어 지나가다
figure something out (생각한 끝에) ~을 이해하다/알아내다
dust something/somebody off ~에서 먼지를 털다
wax nose 밀랍으로 만든 코

❶ **It's my first time~**
내가 ~을 하는 것은 처음이다.
'내가 ~을 하는 것은 처음이다' '이번이 내겐 처음이다'라는 패턴이에요. 예를 들어, It's my first time here. '여긴 처음이야', It's my first time visiting Pusan. '부산에 온 건 처음이야' 이렇게 쓴답니다.

COGSWORTH Wait a second, wait a second. I'm not sure that's such a good idea. (Confidentially, to LUMIERE) We can't let her go poking around in certain places, if you know what I mean.

<u>BELLE</u> (Poking COGSWORTH in the belly (like the **Pillsbury doughboy**)) Perhaps you could take me. I'm sure you know everything there is to know about the castle.

COGSWORTH (flattered) Well, actually, ah yes, I do!

Fade to COGSWORTH, LUMIERE, and BELLE walking down a hall with FOOTSTOOL. COGSWORTH is lecturing.

COGSWORTH As you can see, the **pseudo facade** was stripped away to reveal a minimalist rococo design. Note the unusual **inverted vaulted** ceilings. This is **yet another** example of the neo-classic baroque period, and as I always say, **if it's not baroque, don't fix it!**❶ Ha ha ha. Now then, where was I?

He turns to find the heads of the SUITS OF ARMOR have turned to follow BELLE.

COGSWORTH As you were!

They all **snap back** to face forward.

COGSWORTH Now, if I may draw your attention to the flying buttresses above the--mademoiselle?

COGSWORTH turns back to the group and is one girl short. He sees her beginning to climb the grand staircase. He and LUMIERE run up to her and jump in front of her, blocking her progress upstairs.

콕스워스 잠시, 잠시만요. 그게 그렇게 좋은 생각은 아닌 것 같아요. (비밀스럽게, 뤼미에르에게) 특정 장소에서는 그녀가 이것저것 뒤지고 다니게 하면 안 되잖아, 내 말을 자네가 알아듣는다면 말이지.

벨 (콕스워스의 배를 필스베리 도우보이 배를 누르듯 콕 찌르며) 당신이 구경시켜 주실 수 있을 것 같은데, 성안 구석구석에 있는 모든 것을 다 아시는 분 같아서요.

콕스워스 (우쭐해 하며) 아, 사실, 아 맞아요, 제가 다 알죠!

콕스워스, 뤼미에르, 벨이 발 받침대와 함께 복도를 걸어가는 장면. 콕스워스가 강의를 한다.

콕스워스 보시듯이 미니멀리스트적인 로코코 디자인을 드러내기 위해서 모조 정면 모습은 제거되었어요. 독특한 반전 스타일의 아치형 천장을 보시죠. 이것 또한 신고전주의 바로크 시대의 한 예라고 볼 수 있어요. 그리고 저는 늘 말하죠. '바로크가 아니라면 고치지도 말아라'라고요. 하하하. 자 그럼, 제가 어디까지 했었죠?

그가 벨을 따르려고 돌아선 갑옷들의 머리들을 찾기 위해서 돌아선다.

콕스워스 제자리로!

갑옷들 모두가 다시 용수철처럼 튕겨서 정면을 바라본다.

콕스워스 자, 이제 위에 보이는 장식에 주의를 집중해… 아가씨?

콕스워스가 뒤를 돌아보니 무리 중에 여자 한 명이 빠져있다. 그녀가 그랜드 계단을 올라가기 시작하는 것이 보인다. 그와 뤼미에르는 그녀에게로 뛰어 올라가고 그녀 앞으로 점프해 그녀가 위층으로 더 이상 올라가지 못하도록 막아선다.

Pillsbury doughboy 필스베리 회사 광고용 밀가루반죽 인형 도우보이

pseudo 허위의, 가짜의

facade (건물의) 정면, 앞면; 표면, 허울

inverted 역의, 반대의, 반전된

vaulted 아치형의, (천장, 지붕이) 아치형의

yet another (지금까지 나온 것들에 이은) 또 하나의

As you were! 〈군사〉 (새로운 명령을 내릴 때) 바로! 다시! 제자리로!

snap back (용수철 따위가) 튀어 돌아오다; (병 따위에서) 빨리 회복하다

❶ **If it's not baroque, don't fix it!**
고장 난 게 아니라면 굳이 고치지 마세요!
이 표현을 직역하면 '바로크가 아니라면 굳이 고치지 마라'인데, 무슨 뜻인지 잘 모르겠죠? 원래 많이 쓰는 영어표현 중에 'If it's not broke, don't fix it!' '고장 난 게 아니라면 굳이 고치지 마라'라는 표현이 있답니다. 여기에 나오는 broke와 baroque 발음이 거의 비슷해서 콕스워스가 말장난을 한 거예요.

Curious Belle

호기심 많은 벨

🎧 18.mp3

바로 이 장면!*

BELLE What's up there?

벨 저 위에 뭐가 있는데요?

COGSWORTH Where? Up there? Nothing. Absolutely nothing of interest at all in the West Wing. **Dusty, dull**, very boring.

콕스워스 어디? 저기 위에? 아무것도 없어요. 서관 쪽에는 흥미를 끌 만한 것이 절대로 전혀 없어요. 먼지투성이에, 재미없고, 아주 따분해요.

LUMIERE has been shaking his head, but COGSWORTH **nudges** him and he **nods in agreement**.

뤼미에르가 고개를 가로젓고 있지만 콕스워스는 그를 팔꿈치로 콕 치르며 동의하듯 고개를 끄덕인다.

BELLE Oh, so that's the West Wing.

벨 오, 그래서 저기가 서관이로군요.

LUMIERE (To COGSWORTH) Nice going!

뤼미에르 (콕스워스에게) 잘하는군!

BELLE I wonder what he's hiding up there.

벨 저 위에 야수가 도대체 뭘 숨겨 놓았는지 궁금하군요.

LUMIERE Hiding? The master is hiding nothing!

뤼미에르 숨겨요? 주인님은 아무것도 숨기지 않았어요!

BELLE Then it wouldn't be **forbidden**.

벨 그렇다면 금지 구역으로 만들지 않았을 텐데요.

She **steps over** them, but they **dash up** and block her again.

그녀가 그들을 넘어서지만, 그들은 재빨리 위로 올라서서 다시 그녀를 막아선다.

COGSWORTH Perhaps mademoiselle would like to see something else. We have **exquisite tapestries dating all the way back to**...

콕스워스 아마도 아가씨는 다른 것을 보면 더 좋아하실 거예요. 아주 역사가 깊은 정교하고 아름다운 태피스트리들이 있는…

BELLE (again stepping over them) Maybe later.

벨 (다시 한번 그들에게로 다가서며) 그건 봐서 나중에 보죠.

LUMIERE (with COGSWORTH, again dashing and blocking) The gardens, or the library perhaps?

뤼미에르 (콕스워스와 함께 다시 급하게 막아서며) 정원들, 아니면 혹시 도서관은 어떨까요?

---

dusty 먼지투성이인

dull 따분한, 재미없는

nudge (특히 팔꿈치로 살짝) 쿡 찌르다

nod in agreement 동의하며 머리를 끄덕이다

forbidden 금지된

step over 장애물을 넘다; 금기를 범하다

dash up 전속력으로 도착하다; 급히 올라가다

exquisite 매우 아름다운, 정교한

tapestry 태피스트리 (여러 가지 색실로 그림을 짜 넣은 직물 또는 그런 직물을 제작하는 기술)

date back to (시기 따위가) ~까지 거슬러 올라가다

all the way 〈강조용법〉 저 멀리까지, 끝까지, 완전히

BELLE	(Now, **with incredible interest**) You have a library?	벨 (드디어 엄청난 관심을 보이며) 도서관이 있어요?

COGSWORTH	(Thrilled that he has found something to interest her) Oh yes! Indeed!	콕스워스 (그녀가 관심 가질 만한 것을 찾은 것에 몹시 흥분하며) 오, 그럼요! 그렇고 말고요!
LUMIERE	With books!	뤼미에르 책들이 있어요!
COGSWORTH	**Scads of** books!	콕스워스 책들이 많죠!
LUMIERE	Mountains of books!	뤼미에르 책들이 산처럼 쌓였어요!
COGSWORTH	Forests of books!	콕스워스 책 숲이에요!
LUMIERE	Cascades...	뤼미에르 폭포수…
COGSWORTH	...of books!	콕스워스 책들의!
LUMIERE	**Swamps** of books!	뤼미에르 책들의 늪!
COGSWORTH	More books than you'll ever be able to read **in a lifetime**! Books on every subject ever studied, by every author who ever **set pen to paper**...	콕스워스 평생 읽어도 다 못 읽을 만큼 많은 책이 있답니다! 세상 그 모든 작가가 쓴, 인류 역사상 연구되었던 모든 주제에 대한 책들…

LUMIERE and COGSWORTH begin **marching off**, and BELLE begins to follow, but her curiosity **overtakes** her, and she turns back to the West Wing. Her excitement begins to **dwindle**, though, when she enters the hallway leading to BEAST's lair. As she walks down the hall, she stops to look in a mirror that has been **shattered** into several pieces, each one **reflecting** her **concerned look**.

She reaches the end of the hall and finds a closed door with **gargoyle** handles. She **takes a deep breath**, then reaches out and opens the door. Cut to int. of lair, where BELLE begins to explore. She is truly shocked by everything she sees.

뤼미에르와 콕스워스가 행군하듯 나아가기 시작하고 벨이 그들을 따른다. 하지만 넘치는 호기심을 참지 못하고 그녀는 서관으로 되돌아간다. 하지만 야수의 방으로 가는 복도에 들어서자 그녀의 흥분감은 점점 잦아든다. 복도를 걸어 내려가다가 그녀는 심하게 깨져 조각난 거울 앞에 서는데 그녀의 근심 어린 표정이 그 유리 조각들에 비친다.

그녀가 복도의 끝에 다다르자 괴물 석상 손잡이가 달린 닫힌 문을 발견한다. 숨을 크게 들이쉰 후 팔을 뻗어 문을 연다. 야수의 방 내부 장면, 벨이 살피기 시작한다. 그녀는 그녀가 보고 있는 모든 것에 엄청난 충격을 받는다.

---

with incredible interest 믿기 힘들 정도로 엄청난 관심을 보이며

scads of 많은, 다량의

cascade 작은 폭포, 폭포처럼 쏟아지는 물

swamp 늪, 습지

in a lifetime 평생에

set pen to paper 쓰기 시작하다, 붓을 들다

march off 행진해 가다

overtake (수, 양, 중요도 면에서) 앞지르다, 능가/추월하다

dwindle 점점 줄어들다

shatter 산산이 부서지다, 산산조각이 나다

reflect (거울, 유리, 물 위에 상을) 비추다, 반사하다

concerned look 근심스러운 표정

gargoyle (교회 등의 건물에서 홈통 주둥이로 쓰는) 괴물 석상

take a deep breath 숨을 깊게 들이쉬다

She **wanders around**, looking, and knocks over a table, but she catches it before it **crashes** to the floor. She then turns her head and sees a **shredded** picture on the wall. We can only see part of a portrait. It is the same portrait that was shredded in the opening. BELLE reaches out and lifts the shreds of the picture to reveal the prince. We never see this, however, for then she turns her head and sees the rose under the **bell jar**. She walks over to it, her eyes **transfixed**. She reaches out, then lifts off the jar, leaving the rose **unprotected**. She reaches up, brushes back the **strand of hair** that has been **repeatedly** falling on her forehead, then reaches out to touch the rose. As she nears it, **a shadow falls over her**. BEAST has been on the balcony, and sees her. He jumps back into the room, then slams the jar back on the rose. He then **turns his attention to** BELLE.

그녀가 여기저기 움직이며 돌아보다가 테이블을 넘어뜨리는데 그것이 바닥에 쾅 하고 부딪히기 전에 붙잡는다. 그리고는 고개를 돌리니 벽에 조각난 그림이 보인다. 그런데 화면에는 초상화 일부만 보인다. 처음에 오프닝 장면에서 보았던 바로 그 초상화이다. 벨이 손을 뻗어 그림의 조각들을 들어보니 왕자가 보인다. 하지만 그 그림이 화면에 정확히 보이지는 않는다. 왜냐하면 그녀가 고개를 돌려 마법의 유리 덮개 밑에 있는 장미를 보기 때문이다. 그녀가 장미 쪽으로 다가서고 그녀는 그 광경에서 눈을 떼지 못한다. 그녀는 손을 뻗어 유리 덮개를 들어 올리니 장미는 보호 장치가 없는 상태가 된다. 그녀가 손을 올려 자꾸 자신의 이마 위로 흘러내리는 한 올의 머리를 빗어 넘기고 장미를 만지려 손을 뻗는다. 그녀가 가까이 다가가려는 순간 그녀 위로 그림자가 드리운다. 야수가 발코니에서 있다가 그녀를 본다. 그가 방으로 다시 뛰어들어와 유리 덮개를 다시 장미 위에 쾅 하고 덮는다. 그리고 그는 벨에게 주의를 기울인다.

---

wander around 이리저리 돌아다니다, 헤매다

crash (움직이는 뭔가가 굉음과 함께) 부딪치다, 박살이 나다

shredded 잘게 조각난

bell jar (과학자들이 쓰는) 병 모양의 유리 덮개

transfixed 공포에 질려 꼼짝할 수가 없는

unprotected 보호장치가 없는, 무방비의

strand of hair 머리카락 한 올

repeatedly 거듭거듭, 반복적으로

a shadow falls over somebody/something 그림자, 그늘, 어둠이 드리우다

turn one's attention to ~에 주의를 돌리다

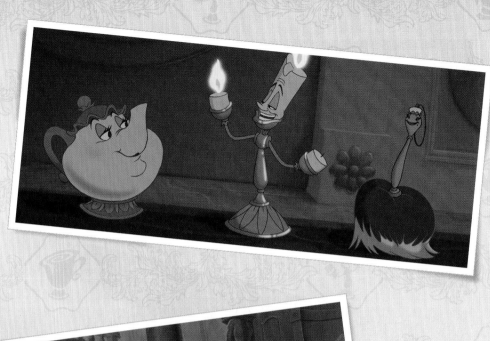

The Fight Against the Wolves
늑대들과의 난투

🎧 19.mp3

<u>BEAST</u>	(growing angry) Why did you come here?
<u>BELLE</u>	(Backing away, scared) I'm sorry.
<u>BEAST</u>	I warned you never to come here!
<u>BELLE</u>	**I didn't mean any harm.**❶
<u>BEAST</u>	(Angrier) Do you realize what you could have done? (Begins to **thrash** at the furniture)
<u>BELLE</u>	(**Pleading**, but still scared) Please, stop! No!
<u>BEAST</u>	(Screaming) Get out!!!! GET OUT!!!!

BELLE turns and **flees** the room. BEAST calms down, then **falls into despair**, finally realizing that he may have destroyed his chances with BELLE. She reaches the **stairway** and grabs her cloak. She **rushes down** the stairs, wrapping the cloak around her and bursting past a confused LUMIERE and COGSWORTH.

<u>LUMIERE</u>	Wh- Where are you going?
<u>BELLE</u>	Promise or no promise, I can't stay here another minute!
<u>COGSWORTH</u>	Oh no, wait, please wait!

LUMIERE tries to respond, but BELLE slams the door behind her. He and COGSWORTH both **bow their heads in sadness**. Cut to BELLE outside in the forest on PHILLIPE. She begins to ride through the forest, but PHILLIPE comes to a stop. She looks up and sees the WOLVES. She gasps, then pulls the **reins** and begins to

야수 (화를 내며) 여기 왜 왔소?

벨 (뒤로 물러서며, 겁에 질려) 미안해요.

야수 이곳에는 절대 오지 말라고 경고했을 텐데!

벨 별 뜻은 없었어요.

야수 (더 화를 내며) 무슨 일이 벌어질 뻔했는지 알아요? (가구들을 마구 내치기 시작한다)

벨 (애원한다. 하지만 여전히 두려움에 떨며) 제발, 그만 해요! 안 돼요!

야수 (소리친다) 나가!!!! 나가라고!!!

벨은 돌아서서 방에서 도망쳐 나온다. 야수가 흥분을 가라앉혔지만, 결국 그가 벨에게 걸었던 기회를 망쳐버렸다는 것을 깨닫는 실의에 빠진다. 벨은 계단으로 와서 그녀의 망토를 집는다. 망토를 몸에 감아 두르고 무슨 일이 있었는지 혼란스러워하는 뤼미에르와 콕스워스를 전광석화처럼 빠른 속도로 지나 계단을 내려온다.

뤼미에르 어, 어디 가는 거예요?

벨 약속을 했건 안 했건, 난 더 이상 여기에는 한 시도 못 있겠어요!

콕스워스 오, 안돼요, 기다려요. 제발 기다려요!

뤼미에르가 대답하려 하지만, 벨은 문을 쾅 닫고 방에 들어가 버린다. 그와 콕스워스 둘 다 슬픔에 잠겨 고개를 숙인다. 바깥 숲에서 벨이 필립을 타고 있는 장면. 그녀가 필립을 타고 숲을 가로질러 가려 하지만 필립이 발을 멈춘다. 그녀가 고개를 들어보니 앞에 늑대들이 있다. 그녀의 숨이 가빠지고 고삐를 잡아당겨 도망치기 시작한다.

thrash 몸부림치다, 요동치다, 허우적거리다
plead 애원하다, 간청하다
flee 도망치다, 달아나다
falls into despair 절망/실의에 빠지다
stairway (건물 내·외부에 있는) 계단
rush down 뛰어 내려가다
bow one's head 고개/머리를 숙이다, 허리를 굽혀 인사/절하다
rein 고삐

❶ **I didn't mean any harm.**
해를 끼칠 생각은 없었다.
'손해를 끼칠 생각/의도가 없었다' '피해를 줄 생각은 없었다'라고 말하고 싶을 때 쓰는 표현이에요. Harm은 명사로 쓰였고요, harm 앞에 any도 같이 넣어서 써야 자연스러운 표현이 된답니다.

flee. She runs from side to side, making the WOLVES hit the trees (**a la Speederbike chase** in **Return of the Jedi**). PHILLIPE runs out on a frozen pond, but his and BELLE's weight collapse the ice. The WOLVES chase her into the water. Some begin to **drown**, but PHILLIPE is able to get out of the water before anything serious happens. He runs into a **clearing**, but becomes surrounded by WOLVES. He **bucks**, throwing BELLE off and wrapping the reins around a tree branch. The WOLVES begin their attack on PHILLIPE, but BELLE **comes to his rescue** and **beats them away** with a stick. One WOLF grabs the stick in its mouth and breaks half of it off, leaving BELLE **defenseless**. Another **leaps at her**, grabbing the corner of her cloak and dragging her to the ground. She looks up and sees a WOLF about to jump on top of her. It leaps and is caught in **mid-air** by BEAST.

He throws the WOLF away, then stands behind them and BELLE. They **lunge at** each other. One **rips a hole** in BEAST's shoulder, and the others focus their attack on that spot. Finally, BEAST throws a WOLF against a tree, knocking it out. The others turn and run in fear. BEAST turns back to BELLE, looks at her **despairingly**, then collapses. BELLE, **grateful to be alive**, turns back to PHILLIPE and begins to get on, but her conscience takes over, and she walks over to the fallen BEAST. Fade to BELLE and PHILLIPE walking back to the castle, with BEAST on the horse's back. Fade to int of den, with BELLE pouring hot water out of MRS. POTTS. She soaks a rag in the water, then turns to BEAST, who is licking his wounds.

BELLE   Here now. Oh, don't do that.

BEAST growls at her as she tries to clean the wound with her rag.

BELLE   Just...**hold still.**

She touches the rag to the wound and BEAST roars in pain. The OBJECTS, who have been watching, jump back into hiding from the **outburst.**

그녀가 좌우로 뛰자 늑대들이 나무에 (영화 '제다이의 귀환'에 나오는 스피더 오토바이처럼) 부딪힌다. 필립이 얼어붙은 연못으로 뛰어드는데 그와 벨의 무게 때문에 얼음이 깨지고 만다. 늑대들이 그녀를 쫓아 연못으로 뛰어든다. 어떤 늑대들은 물에 빠져 허우적거리지만, 필립은 큰 위험에 처하기 전에 물에서 빠져나온다. 그가 빈터로 뛰어나오지만, 늑대들에게 포위되고 만다. 그가 날뛰면서 벨은 내동댕이쳐지고 고삐는 나뭇가지에 엉켜버린다. 늑대들이 필립을 공격하기 시작하지만, 벨이 막대기로 그들을 쫓아내며 필립을 구하러 온다. 한 늑대가 입으로 막대기를 물어 반으로 쪼개 버리자 벨은 무방비 상태가 되고 만다. 그녀에게 또다시 달려들어 그녀의 망토를 물어서 그녀를 땅으로 끌어 내린다. 그녀가 올려다보자 늑대가 그녀를 덮치려 한다. 늑대가 뛰어오르는데 공중에서 야수에게 잡힌다.

그가 늑대를 던져버리고 그들과 벨 뒤에 선다. 그들은 서로를 물어뜯으며 덤벼든다. 늑대 한 마리가 야수의 어깨를 물고 다른 놈들이 그 부위를 집중적으로 공격하려 든다. 마침내, 야수가 늑대를 던지자 나무에 부딪쳐 뻗어버린다. 다른 늑대들이 돌아서고 두려워하며 도망친다. 야수가 다시 벨에게로 돌아서서 절망한 눈으로 그녀를 보다가 의식을 잃고 쓰러진다. 벨이 목숨을 구한 것에 대해 감사하는 마음을 가지고 필립에게 돌아가 그의 등 위로 올라타려고 하지만 양심에 가책이 느껴져 쓰러져 있는 야수에게로 다가간다. 벨과 필립이 야수를 필립 등에 싣고 성으로 다시 돌아오는 장면. 다시 성안 장면, 포트 부인을 이용해 벨이 뜨거운 물을 따르고 있다. 그녀가 헝겊을 물에 적셔 자기 상처를 핥고 있는 야수에게로 돌아선다.

벨   자 여기요. 어, 그러면 안 돼요.

그녀가 헝겊으로 상처를 닦아주려 하자 야수가 그녀에게 으르렁댄다.

벨   그냥… 가만히 좀 있어요.

그녀가 상처 부위에 헝겊을 대자 야수가 고통으로 울부짖는다. 그 장면을 보고 있던 하인들은 야수의 분노 폭발을 피하려고 다시 몸을 숨길 곳으로 뛰어들어간다.

---

a la 〈프랑스어〉 ~와 같은 풍/식으로
Speederbike chase 영화에서 스피더 바이크라는 오토바이들이 쫓고 쫓기는 장면
Return of the Jedi 영화 '스타워즈' 시리즈 '제다이의 귀환'
drown 익사하다
clearing 빈터
buck 날뛰다
come to one's rescue ~을 구하러 오다

defenseless 무방비 상태인, 방어할 수 없는
leap at a person ~에게 달려들다, 뛰어오르다
mid-air 공중
lunge at 덤벼들다
rip a hole 구멍을 내다/뚫다
despairingly 절망하여
grateful to be alive 생존해 있음에 감사하는
hold still 움직이지 않고 가만히 있다

바로 이장면!

BEAST	That hurts!

야수 아파요!

BELLE (**In counterpoint**) If you'd hold still, it wouldn't hurt as much.

벨 (대조를 이루며) 가만히 있으면 그렇게까진 안 아플 거예요.

BEAST Well, if you hadn't run away, this wouldn't have happened!

야수 쳇, 당신이 도망만 안 갔어도 이런 일은 없었잖소!

BELLE Well, if you hadn't frightened me, I wouldn't have run away!

벨 흥, 당신이 날 겁주지만 않았어도 내가 도망은 안 갔을 거라고요!

BEAST opens his mouth to respond, but has to stop and **think of** a good line.

야수가 그 말에 대답하려고 하다가 마땅히 할 말이 생각이 나지 않아 멈춘다.

BEAST Well, you shouldn't have been in the West Wing!

야수 흠, 여하튼 당신은 서관에 가지 말았어야 했소!

BELLE Well, you should learn to control your **temper**!

벨 흠, 당신은 성질머리 좀 고쳐야 해요!

BEAST raises his hand to bring out another point, but finds he has none, so he bows his head down again. The OBJECTS emerge from their hiding as BELLE has **conquered** the **ferocious** temper of BEAST. BELLE moves the rag closer to the wound.

야수가 또 다른 점을 지적하려고 손을 들다가 할 말이 없음을 알고 다시 한번 고개를 숙인다. 하인들이 벨이 야수의 사나운 성미를 꺾은 것을 보고 숨어있다가 나타난다. 벨이 상처가 있는 부위로 헝겊을 가져다 댄다.

BELLE Now, hold still. This may **sting** a little.

벨 자, 가만히 있으세요. 조금 쓰라릴 수도 있어요.

BEAST gives a surprised **grunt**, then **grits his teeth** as the rag is **applied**. BELLE speaks **tenderly**.

야수가 깜짝 놀라서 으르렁거리다가 헝겊이 닿는 순간 이를 꽉 악문다. 벨이 부드럽게 이야기한다.

BELLE By the way, thank you, for saving my life.

벨 그건 그렇고, 고마워요, 제 목숨을 구해주셔서.

BEAST opens his eyes, looking surprised.

야수가 놀라 눈을 크게 뜬다.

BEAST (Also very tenderly) You're welcome.

야수 (그 또한 부드럽게) 천만에요.

---

in counterpoint ~와 대조를 이루어, 대위 선율을 이루어, 대조적으로

think of 생각해 내다, 착안해 내다

temper 성질, 성미

conquer 정복하다, 이기다, 물리치다

ferocious 흉포한, 맹렬한, 사나운

sting 쏘다, 찌르다, 따끔거리다

grunt (돼지가) 꿀꿀거리다, (사람이) 끙하고 앓는 소리를 내다

grit one's teeth 이를 악물다

apply (페인트, 크림, 약 등을) 바르다

tenderly 부드럽게

Camera zooms out and we see the OBJECTS **looking on** with interest. Fade to GASTON's tavern, which is empty **except for** GASTON, LEFOU and MONSIEUR D'ARQUE, who are all sitting at a table.

카메라가 빠지면서 화면이 작아지고 하인들이 관심 있게 지켜보는 모습이 보인다. 가스통의 술집 장면, 가스통, 르푸, 미스터 다크가 테이블에 앉아 있고 그들 이외에는 아무도 없이 텅 비어 있다.

---

look on 관여하지는 않고) 구경하다, 지켜보다
except for ~빼고

Despicable Gaston
야비한 가스통

🎧 20.mp3

바로 이장면!*

D'ARQUE I don't usually leave the **asylum** in the middle of the night, but they said you'd **make it worth my while**.

GASTON pulls out a sack of gold and tosses it in front of him. He takes out a piece, scrapes it on his chin and continues.

D'ARQUE Aah, I'm listening.

GASTON **It's like this.**❶ I've got my heart set on marrying Belle, but she needs a little **persuasion**.

LEFOU (butting in) **Turned** him **down flat**!

GASTON slams a beer mug on his head.

GASTON Everyone knows her father's a **lunatic**. He was in here tonight **raving** about a beast in a castle...

D'ARQUE Maurice is harmless.

GASTON The point is, Belle would do anything to keep him from being locked up.

LEFOU Yeah, even marry him!

다크 내가 보통 야밤에 이렇게 정신병원에서 나오는 사람이 아닌데, 사람들이 그러길 당신이 내 노고에 보답할 거라고 하더군.

가스통이 금이 가득한 보따리 하나를 꺼내서 그의 앞에 던져 놓는다. 그중 한 덩이를 꺼내더니 그것으로 자신의 턱을 긁으면서 계속 이야기한다.

다크 아, 듣고 있네.

가스통 자, 이런 상황인 거요. 내가 벨과 결혼하기로 마음을 먹었는데, 그녀는 조금 설득을 필요로 하고 있소.

르푸 (끼어들며) 그를 단칼에 거절했어요!

가스통이 그의 머리를 맥주잔으로 내려친다.

가스통 그녀의 아버지가 미치광이라는 것은 모두가 다 알고 있소. 오늘 밤에도 여기에 와서는 성에 사는 야수에 대해서 한참 떠들다가 갔지…

다크 모리스가 누구한테 해를 끼칠만한 사람이 아닌데.

가스통 요점은, 벨은 그가 갇혀 있는 상황을 피하기 위해서는 뭐든지 할 거요.

르푸 맞아요. 심지어는 가스통과의 결혼까지도요!

---

asylum 정신병원

make it worth a person's while 남의 노고에 보답하다

have/got one's heart set on something ~에 대해 결의하다, 마음을 굳히다

persuasion 설득

butt in 불쑥 끼어들다

turn down flat 딱 잘라 거절하다

lunatic 미치광이, 정신병자

rave 미친 듯이 악을 쓰다, 열변을 토하다, 날뛰다

❶ **It's like this.**
이렇게 된 거야.
어떤 상황을 묘사하거나 설명을 할 때 도입 부분에서 '잘 들어봐' '어떻게 된 거냐 하면 말이야' '그러니까 이런 거야'와 비슷한 뜻으로 쓰이는 표현이에요.

GASTON **gives him another threatening look**, and he ducks back under the mug.

D'ARQUE   So you want me to throw her father in the asylum unless she agrees to marry you?

They both nod in agreement.

D'ARQUE   Oh, that is **despicable**. I love it!

Cut to int of BELLE's cottage. MAURICE is packing to leave.

MAURICE   If no one will help me, then I'll go back alone. **I don't care what it takes.**❶ I'll find that castle and **somehow** I'll get her out of there.

MAURICE leaves on his journey. Seconds later, GASTON and LEFOU arrive with D'ARQUE. They enter the house looking for one of the residents.

GASTON   Belle! Maurice!

LEFOU   Oh, well, I guess it's not gonna work after all.

GASTON grabs him by the neck and walks outside.

GASTON   They have to come back sometime, and when they do, we'll be ready for them.

GASTON drops LEFOU into a **snowbank** by the **porch**.

GASTON   Lefou, don't move from that spot until Belle and her father come home.

LEFOU   But, but... aww, **nuts**!

He **pounds** the side of the house and a pile of snow falls on his head.

가스통이 다시 그를 위협하는 눈으로 쳐다보고, 르푸는 머그잔 밑으로 몸을 수그린다.

다크 그래서 그녀가 당신과의 결혼에 동의하지 않는다면 그녀의 아버지를 정신병원에 넣어달라는 얘긴가?

둘 다 동의하며 고개를 끄덕인다.

다크 아, 그건 정말 야비한 짓이로군. 너무 좋아!

벨의 오두막집. 모리스가 떠날 채비를 하고 있다.

모리스 아무도 나를 돕지 않겠다면, 그럼 나 혼자 갈 수밖에. 그 어떠한 위험을 감수해야 하더라고 상관없어. 그 성을 꼭 찾아내서 어떻게든 벨을 구해낼 거야.

모리스가 여정에 오른다. 바로 몇 초 후, 가스통과 르푸가 다크와 함께 도착한다. 그들은 그 집에 사는 사람 중 한 명을 찾으려고 집에 들어선다.

가스통 벨! 모리스!

르푸 오, 이런, 결국 일이 잘 안 풀릴 것 같군.

가스통이 그의 목을 잡고 들어 올린 상태에서 밖으로 나온다.

가스통 그들은 언젠가 돌아와야 할 것이고, 그들이 돌아오면, 우린 그들을 맞이할 준비가 되어 있을 것이야.

가스통이 르푸를 현관 옆에 쌓인 눈더미 위로 떨어뜨린다.

가스통 르푸, 벨과 그녀의 아버지가 돌아올 때까지 넌 거기서 절대 움직이지 말아라.

르푸 하지만, 하지만… 으아, 미친 짓이야!

그가 집 건물 옆을 주먹으로 세게 치자 눈덩이가 그의 머리에 우르르 떨어진다.

---

give someone + **형용사** + look ~을 ~한 표정으로/눈빛으로 보다

despicable 〈격식〉 비열한, 야비한

somehow 어떻게든

snowbank 눈더미

porch 현관

nuts 미친, 제정신이 아닌

pound (요란한 소리를 내며 여러 차례) 치다/두드리다

❶ **I don't care what it takes.**
아무리 힘들어도 꼭 할 거야.

take는 많은 정의 중에 '~을 하려면 시간, 노력, 돈 등이 들다/필요하다'라는 의미가 있죠. 이 문장은 '그것이 얼마나 많은 시간/노력/돈 등을 필요로 하는 일이라도 구애 받지 않고 난 무조건 하겠다'라는 뜻입니다. '아무리 힘들어도 난 무조건 이 일을 할 거야'라고 하며 자신의 의지를 표현한 것이죠.

A Surprise Gift

놀라운 선물

🎧 21.mp3

Fade to ext of castle. BELLE is playing in the snow with PHILLIPE and FOOTSTOOL. BEAST, COGSWORTH and LUMIERE watch from the balcony.

성 외부 장면. 벨이 필립과 발 받침대와 눈 위에서 장난하며 놀고 있다. 야수, 콕스워스, 그리고 뤼미에르가 발코니에서 그 모습을 바라보고 있다.

바로 이장면!*

BEAST   I've never felt this way about anyone. (Looks excited) I want to do something for her. (Looks **discouraged**.) But what?

야수 난 살면서 이런 감정은 처음이야. (신나 보인다) 그녀를 위해 뭔가를 하고 싶은데. (기운 없어 보인다) 그런데 도대체 뭘 해야 하지?

COGSWORTH Well, there's the usual things--flowers, chocolates, promises you don't **intend to** keep...

콕스워스 글쎄요. 일반적으로 하는 것들이 있죠. 꽃, 초콜릿, 지킬 의향이 없는 약속들…

LUMIERE   Ahh, no no. It has to be something very special. Something that **sparks** her inter--wait a minute.

뤼미에르 아, 아니, 아니. 뭔가 특별한 것이어야 해요. 그녀의 관심을 확 끌 수 있는… 잠시만요.

Cut to int hallway leading to library. BEAST and BELLE are alone.

도서관 쪽으로 향한 복도 장면. 야수와 벨만 있다.

BEAST   Belle, there's something I want to show you.

야수 벨, 내가 당신에게 보여주고 싶은 것이 있소.

He begins to open the door, then stops.

그가 문을 열기 시작하다가 멈춘다.

BEAST   But first, you have to close your eyes.

야수 하지만 먼저, 눈을 감아야만 하오.

She looks at him **questioningly**.

그녀가 왜 그러느냐는 듯 그를 본다.

BEAST   **It's a surprise.** ❶

야수 놀라게 해줄 거요.

BELLE closes her eyes, and BEAST waves his hand in front of her. Then he opens the door. He **leads her in**.

벨은 그녀의 눈을 감고 야수는 그녀 앞에서 손을 흔들어본다. 그리고 그가 문을 열고 그녀를 안쪽으로 안내한다.

---

discouraged 낙담한, 낙심한
intend to ~을 의도하다
spark 촉발시키다, 유발하다
questioningly 수상하다는 듯이, 미심쩍게
lead someone in 안으로 안내하다/에스코트하다

❶ **It's a surprise.**
깜짝 선물이에요.
가족이나 친구에게 깜짝 선물을 주거나 파티를 준비했을 때 자주 쓰는 표현이죠. 그냥 Surprise! 라고도 쓸 수 있어요.

BELLE	(Just as she enters the room) Can I open them?	벨 (방으로 들어오자마자) 눈 떠도 될까요?
BEAST	No, no. Not yet. Wait here.	야수 아니, 아니. 아직은 안 되오. 여기서 기다려요.

BEAST walks away to **draw back the curtains**. He does, and **brilliant** sunlight spills into the room. BELLE **flinches reflexively** as the light hits her face.

야수가 커튼을 다시 열려고 간다. 그가 커튼을 열자 눈부신 햇살이 방안으로 쏟아진다. 빛이 갑자기 벨의 얼굴을 비치자 반사적으로 움찔한다.

BELLE	Now can I open them?	벨 이제 눈 뜰까요?
BEAST	All right. Now.	야수 좋소. 지금.

BELLE opens her eyes and the camera pulls back to reveal the **gigantic** library filled with books.

벨이 눈을 뜨자 책으로 가득 찬 거대한 도서관을 보여주기 위해서 카메라가 뒤로 물러난다.

BELLE	I can't believe it. I've never seen so many books in all my life!	벨 믿기지 않아요. 내 평생 이렇게 많은 책이 있는 건 처음 봐요!
BEAST	You--you like it?	야수 당신. 당신 마음에 드나요?
BELLE	It's wonderful.	벨 훌륭해요.
BEAST	Then it's yours.	야수 그렇다면 당신이 가져도 좋소.
BELLE	Oh, thank you so much.	벨 아, 정말 고마워요.

Cut to BELLE and BEAST **in background**, with OBJECTS including CHIP in **foreground** watching them.

벨과 야수가 배경으로 나오고 칩을 포함한 하인들이 전경에서 그들을 바라보고 있는 장면.

MRS. POTTS	Oh, would you look at that?	포트 부인 오, 저것 봤어요?
LUMIERE	Ha ha! I knew **it would work.**[1]	뤼미에르 하하! 난 잘될 줄 알았다니까요.
CHIP	What? What works?	칩 뭐가요? 뭐가 잘 돼요?
COGSWORTH	It's very **encouraging**.	콕스워스 정말 고무적이군요.

---

draw back a curtain 커튼을 젖히다
brilliant 눈부신, 훌륭한, 멋진
flinch 움찔하다, 주춤하다
reflexively 반사적으로
gigantic 거대한, 엄청나게 큰
in background (사람들 눈에 띄지 않는) 뒤쪽에서
foreground (그림, 사진 등의) 전경, 전면
encouraging 힘을 북돋아주는, 격려/장려의

❶ It would work.
잘 될 것이다.
work는 '일하다'라는 대표 뜻이 있는데요, 이 장면에서는 '작동되다, 효과가 나다, (결과를) 낳다'라는 뜻으로 쓰였습니다. 즉 (속어로) '먹힌다(통한다)'라는 뉘앙스가 담겨 있죠. 기계가 작동되는 것 외에도 마음 속으로 바라던 무엇인가가 이루어질 때도 쓰입니다.

FEATHERDUSTER	Isn't this exciting!		먼지떨이 정말 흥분되지 않나요!

FEATHERDUSTER Isn't this exciting!

CHIP I didn't see anything.

MRS. POTTS **Come along**, Chip. There's **chores** to be done in the kitchen.

CHIP But what are they talking about? What's going on?

OBJECTS walk away. Fade to breakfast table with BELLE at one end and BEAST at the other, with MRS. POTTS between them. BELLE is served breakfast, and as she begins to eat, she looks at BEAST, **gobbling up** his food with no table manners **whatsoever**. CHIP laughs, but MRS. POTTS shoots him an **admonishing** look. BELLE turns away and tries to ignore it, but CHIP comes to the rescue. He **nudges** the spoon with his nose, and BEAST reaches out for it (very **3-D-ishly**). BELLE looks at him in wonder as he tries to eat with the spoon, but he has little success. Finally, BELLE puts down her spoon and lifts her bowl as if in a **toast**. BEAST looks at the **compromise** and does the same. They both begin to sip their breakfast out of their bowls. Fade to **courtyard** where BELLE and BEAST are feeding the birds.

칩 난 아무것도 못 봤어요.

포트 부인 이리 따라 오너라, 칩. 주방에서 해야 할 일들이 있단다.

칩 하지만 다들 무슨 얘기하는 거예요? 무슨 일이 일어나고 있는 거냐고요?

하인들이 그곳을 떠난다. 아침 식사 장면. 벨이 한쪽 끝, 야수가 다른 쪽 끝에 앉아있고 포트 부인이 그 사이에 있다. 벨에게 식사가 제공되고, 먹기 시작한다. 야수를 보는데 식탁 예의라고는 전혀 찾아볼 수 없는 무매너로 게걸스럽게 먹고 있다. 칩이 웃는다. 하지만 포트 부인이 꾸짖는 표정으로 그를 본다. 벨이 고개를 돌리고 무시해 보려 하는데 칩이 이 상황을 구제하러 온다. 그가 코로 스푼을 콕콕 밀고 야수가 잡으려고 손을 뻗는다 (매우 입체적으로). 그가 스푼으로 먹으려고 시도하는 모습을 벨이 호기심 어린 눈빛으로 쳐다보지만, 스푼 사용하는 게 생각보다 쉽지 않다. 결국, 벨이 스푼을 내려놓고 그릇을 들어 올려 건배하는 듯한 행동을 취한다. 야수가 그에 응하듯 똑같은 행동을 한다. 그들이 그릇에 담긴 음식을 같이 홀짝홀짝 마시기 시작한다. 벨과 야수가 안뜰에서 새에게 모이를 주는 장면으로 전환.

---

come along 함께 가다, 따라가다
chores 잡일, 허드렛일, 집안일
gobble up 게걸스럽게 먹어 치우다
whatsoever 전혀; whatever의 강조형
admonishing look 꾸짖는 눈빛/표정
nudge (특히 팔꿈치로 살짝) 쿡 찌르다
3-D-ishly 입체적으로, 3D 스타일로
toast 건배, 축배, 건배의 인사

compromise 타협, 절충
courtyard (보통 성·저택 등에서 건물에 둘러싸인) 뜰(마당)

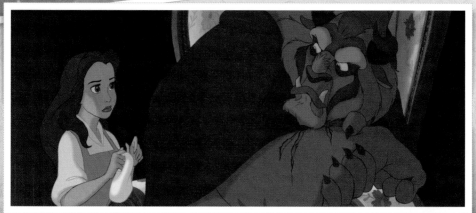

Coming Together as One

둘이 하나가 되는 것

🎧 22.mp3

BELLE	There's something sweet. And almost kind. But he was mean. And he was **coarse** and **unrefined**. But now he's dear. And so **unsure**, I wonder why I didn't see it there before.

BELLE is trying to attract some birds to BEAST, who **shoves** a handful of seed at them. Finally, she takes a handful and gently spreads it out, creating a trail. One lands in his hands, and he looks up thrilled.

BEAST	She glanced this way. I thought I saw. And when we touched. She didn't **shudder** at my paw. No it can't be. I'll just ignore. But then she's never looked at me that way before.

BELLE has ducked around a tree, leaving BEAST with the birds. She begins to look **doubtful** again, but turns her head around the tree and laughs. BEAST is covered with birds.

BELLE	New, and a bit **alarming**. Who'd have ever thought that this could be? True, that **he's no Prince Charming.**❶

벨 다정한 무엇인가가 있어요.
거의 상냥하기도 하고.
하지만 그는 성질이 나빴고.
그는 거칠고 세련되지 못했었죠.

하지만 지금 그는 착하고.
많이 불안해해요.
그 전에는 왜 그런 걸 못 봤는지 모르겠어요.

새들에게 아무렇게나 손 한 줌 가득 씨를 먹여주는 야수에게 새들이 모여들 수 있도록 벨이 노력하고 있다. 결국, 그녀가 손 한 줌만큼의 씨를 가져다가 다정하고 부드럽게 일렬로 길을 만들 듯 펼쳐 놓는다. 한 마리 새가 그의 손에 내려앉으니 그가 감격하며 올려본다.

야수 그녀가 여기를 힐끗 봤다네.
난 내가 보았다고 생각했네.
그리고 우리가 접촉했을 때.
나의 짐승 발을 만지고도 소스라치지 않았다네.

아냐 그럴 리가 없지.
그냥 무시할 거야.
하지만 그녀가 나를 그런 식으로 바라봐 준 적은 지금껏 한 번도 없었지.

벨이 야수와 새들을 그들만의 시간을 보낼 수 있도록 하고 자신은 나무 밑으로 숨어든다. 그녀가 다시 의심하는 듯한 표정을 짓지만 그녀의 고개를 나무쪽으로 돌리고 웃는다. 야수는 새들에 둘러싸여 있다.

벨 새롭고, 조금은 두렵죠.
이런 일이 있을 거라고 누가 상상이나 했겠어요?
맞아요, 그가 멋진 왕자님은 아니에요.

---

coarse 거친
unrefined 정제되지 않은, 세련되지 못한
unsure 불안해하는, 자신 없는, 확신이 없는
shove (거칠게) 밀치다/떠밀다
shudder (공포, 추위 등으로) 몸을 떨다, 몸서리치다
doubtful 의심/의문을 품는
alarming 걱정스러운, 두려운

❶ **He's no Prince Charming.**
그는 백마 탄 왕자는 아니죠.
이 표현은 '물론 그가 백마 탄 왕자는 아니지만, 그래도 나는 그가 좋다'라는 식으로 구어체에서 문맥상 긍정적인 결론을 낼 때 쓰는 패턴이에요. 예를 들어, '내가 피카소는 아니지만, 나도 그림을 좀 그린다.' 'I'm no Picasso, but I can paint.' 하는 식으로 쓸 수 있답니다.

But there's something in him that I **simply** didn't see.

하지만 내가 보지 못했던 그 무엇인가가 그에게는 있어요.

BELLE throws a snowball at BEAST, who had looked at her proudly after the birds flew away. He begins to gather a large pile of snow. We cut to the OBJECTS, looking out of a window at the two. In the background, BELLE throws another snowball at BEAST, who drops his huge pile of snow on his head. He chases her around a tree, but she ducks around the other side and **sneaks up on** him from behind.

새들이 날아간 후에 그녀를 자랑스럽게 바라보던 아수에게 벨이 눈 뭉치를 던진다. 그가 크게 쌓여 있는 눈을 모으기 시작한다. 하인들이 창문 밖으로 그 둘을 바라보는 장면. 뒤 배경으로 벨이 아수에게 또 다른 눈 뭉치를 던지고 야수가 그가 들고 있던 거대한 눈 뭉치를 자신의 머리 위에 떨어뜨리는 장면이 보인다. 그가 나무 사이로 그녀를 뒤쫓아가고 그녀가 다른 쪽에 숨어있다가 뒤에서 나타나서 그를 놀라게 한다.

바로 이장면!*

LUMIERE	Well, **who'd have thought?**	뤼미에르 거참, 누가 생각이나 했겠어요?
MRS. POTTS	Well, **bless my soul.**❶	포트 부인 원 세상에.
COGSWORTH	And who'd have known?	콕스워스 그리고 누가 알았겠어요?
MRS. POTTS	Well, who indeed?	포트 부인 그러게, 진짜 누가 알았겠냐고?
LUMIERE	And who'd have guessed they'd **come together on their own**?	뤼미에르 또 그들이 저렇게 스스로 합치게 될지 누가 추측이나 했겠어요?
MRS. POTTS	It's so **peculiar**.	포트 부인 정말 기묘하네요.
ALL	We'll wait and see. A few days more. There may be something there that wasn't there before.	모두 우린 지켜볼 거예요. 며칠 더. 그 전에는 없었던 무엇인가가 있는지도 몰라요.

Fade to den where BELLE sits in front of a roaring fire and reads to BEAST. OBJECTS inc. CHIP watch from **doorway**.

타오르는 불 앞에 앉아서 야수에게 책을 읽어주는 벨이 있는 곳이 보인다. 칩을 포함한 하인들이 출입구 쪽에서 그들을 보고 있다.

COGSWORTH	Yes, perhaps there's something there that wasn't there before.	콕스워스 맞아요. 어쩌면 그 전에는 없었던 무엇인가가 있는지도 몰라요.
CHIP	What?	칩 뭐가요?

---

simply (진술 내용을 강조하여) 그야말로/정말로/그냥
sneak up on someone ~에게 몰래 다가가다
Who'd have thought? 누가 생각이나 했겠어요?
come together (하나로) 합치다
on one's own 스스로
peculiar 특이한, 독특한, 희한한
doorway 출입구

❶ **Bless my soul.**
이것 참! 세상에나!
놀라거나 화가 났을 때 '저런, 아이쿠, 아뿔싸'
이런 의미로 쓰이는 감탄사입니다. Bless my soul 외에 bless me(the boy) 등으로도 쓰입니다.

<u>MRS. POTTS</u>	There may be something there that wasn't there before.	포트 부인 그 전에 없었던 무엇인가가 생겼는지도 몰라.
<u>CHIP</u>	What's there, mama?	칩 그게 뭔데요, 엄마?
<u>MRS. POTTS</u>	I'll tell you when you're older.	포트 부인 네가 나중에 더 크면 얘기해 줄게.

COGSWORTH is standing on the staircase, organizing the OBJECTS.

콕스워스가 계단에 서서 하인들을 불러모아 상황 정리를 하고 있다.

<u>COGSWORTH</u>	Right then, you all know why we're here. We have exactly 12 hours, 37 minutes and 15 seconds to create the most magical, **spontaneous**, romantic **atmosphere** known to man or beast. (He laughs) Right. **Need I remind you that** as the last petal falls from this rose, the spell will never be broken! Very well. You all know your **assignments**. Half of you to the West Wing, half of you to the East Wing, the rest of you come with me.

콕스워스 자, 모두들 우리가 왜 여기에 모였는지 알 거야. 우린 정확하게 12시간 37분 15초 동안 인간 혹은 아수 세상에 존재하는 것 중 가장 매직컬하고 자연스럽고 로맨틱한 분위기를 만들어내야만 해. (그가 웃는다) 맞아. 이제 마지막으로 하나 남은 장미 꽃잎이 떨어지면 마법은 영원히 풀리지 않을 것이라는 걸 너희들에게 상기시킬 필요는 없겠지! 좋았어. 모두 자신이 해야 할 일을 알고 있을 거야. 너희들 중의 반은 서관으로 가고 반은 동관으로 간다. 그리고 나머지는 나를 따르라.

The OBJECTS all **rush off** and leave COGSWORTH alone. FOOTSTOOL, who COGSWORTH has been standing on, suddenly bursts from under him, sending him **tumbling** down the stairs. COGSWORTH yells as he falls, and lands, losing a cog. LUMIERE, MRS. POTTS and FEATHERDUSTER hop back in and LUMIERE picks up the cog.

사물들은 모두 서둘러 흩어지고 콕스워스만이 홀로 남는다. 콕스워스가 밟고 서 있던 발 받침대가 갑자기 팩 하고 움직이자 콕스워스가 계단에서 굴러떨어진다. 콕스워스가 떨어지면서 소리를 지르고 바닥에 착지하니 톱니 하나가 사라진다. 뤼미에르, 포트 부인, 그리고 먼지떨이가 다시 깡충깡충 뛰어들어오는데 뤼미에르가 톱니를 집어 든다.

<u>LUMIERE</u>	Lighten up, Cogsworth, and **let nature take its course**.	뤼미에르 긴장 풀어, 콕스워스. 그리고 그냥 자연스러운 흐름에 맡기라고.
<u>MRS. POTTS</u>	It's obvious there's a **spark** between them. (LUMIERE starts to **polish** COGSWORTH'S cog.)	포트 부인 그들 사이에 사랑의 불꽃이 튀고 있다는 건 누가 봐도 너무 명백하잖아. (뤼미에르가 콕스워스의 톱니를 문질러 닦기 시작한다.)

---

spontaneous 자연스러운

atmosphere 공기, 분위기

Need I remind you that절 ~을 내가 상기시켜줄 필요가 있는 건가? / ~을 모르는 건 아니겠지?

assignment 임무

rush off 황급히 떠나다

tumble (심한 부상을 입을 정도는 아니게) 굴러 떨어지다, 구르다.

Let nature take its course. 자연/흐름에 맡겨라, 되어가는 대로 놓아 둬라

spark 불꽃, 불똥, (전류의) 스파크

polish 광택을 내다, 윤기를 내다, (윤이 나도록) 닦다

COGSWORTH	Yes, but (he **snatches** the cog from LUMIERE) **there's no harm in**❶ fanning the flames, you know -- a little. (He replaces the cog.) Besides, they must fall in love tonight if we ever expect to be human again.	**콕스워스**	네, 하지만 (그가 뤼미에르에게서 톱니를 가로챈다) 잘되는 분위기에 더 잘되라고 부채질 좀 해줘서 나쁠 건 없잖아요. 네, 조금은 말이에요. (그가 톱니를 다시 제자리로 넣는다.) 그리고, 우리가 꼭 다시 사람이 되길 바란다면 그들이 오늘 밤 사랑에 빠져야만 한다고요.
LUMIERE	Ah ... human again.	**뤼미에르**	아… 다시 사람이라.
MRS. POTTS	Human again.	**포트 부인**	다시 사람.
LUMIERE	Yes ... think what that means.	**뤼미에르**	네 … 그게 무슨 의미일지 생각해 봐요.

He winds COGSWORTH'S minute hand so that it points to the 12. COGSWORTH starts chiming.

그가 콕스워스의 분침을 돌려서 12시 방향을 향하게 한다. 콕스워스가 울리기 시작한다.

LUMIERE	I'll be cooking again, Be good-looking again. With a mademoiselle on each arm. When I'm human again, Only human again. **Poised** and polished and gleaming with charm. **I'll be courting** again, Chic and **sporting** again.	**뤼미에르**	난 다시 요리할 거야. 다시 잘생겨질 거고. 양팔에 아가씨들을 안고. 내가 다시 사람이 되면. 사람이 될 수만 있다면. 품위 있게 광도 내고 매력을 발산하면서. 다시 작업도 걸고. 다시 세련되고 멋져지는 거지.
MRS. POTTS	Which should cause several husbands alarm.	**포트 부인**	남편들 여럿 긴장하겠네.
LUMIERE	I'll hop down off this shelf, And **tout de suite**, be myself!	**뤼미에르**	이 선반에서 벗어나서, 곧 나 자신이 되는 거야!
ALL	I can't wait to be human again!	**모두**	어서 빨리 다시 사람이 되고 싶어!
PERFUME BOTTLE, COMB, POWDER PUFF and BRUSH	When we're human again, Only human again. When we're **knick-knacks and what-nots** no more.	**향수병, 빗, 분첩과 브러시**	우리가 다시 사람이 되면. 사람이 되기만 한다면. 우리가 이제 더 이상 그냥 장식품들 기타 등등이 아닐 때.

---

snatches 와락 붙잡다, 집아채다

fan the flames 불 난 집에 부채질하다

poised (경솔하지 않고) 침착하고 점잖은

I'll be court ~의 환심을 사려고 하다, 구애하다

sporting 스스로 자랑스럽게 행동하는, 뽐내는

tout de suite 〈프랑스어〉 곧, 즉각, 계속하여

knick-knack (집안에 놓는) 작은 장식품들, 노리개들

and what-not (열거한 끝에) 따위, 등등, 기타 등등

❶ **There's no harm in ~**
~한다고 해가 될 것은 없다.
'~한다고 해가 될 것은 없다'라는 의미의 표현이에요. 예를 들어, There's no harm in asking. '물어본다고 해가 될 건 없잖아', There's no harm in trying. '시도해서 나쁠 건 없잖아'. 이런 식으로 쓰입니다.

When we're human again,
Good and human again.

WARDROBE   Ah, cherie, won't it all be top drawer?
I'll wear lipstick and rouge,
And I won't be so huge.
Why I'll easily fit through that door!
I'll **exude savoir faire**,
I'll wear gowns, I'll have hair!
It's my prayer to be human again!

다시 사람이 되면,
다시 완전히 사람이 되면.

옷장 아, 아가씨, 모두 맨 위 서랍에 있지 않나요?
나도 립스틱과 연지를 바를 거야.
그리고 이렇게 덩치가 크진 않을 거고.
오호, 저 문 사이로도 쉽게 지나갈 수 있을 거야!
재치 넘치는 화술로 호감을 불러일으키고,
드레스도 입고 머리카락도 있겠네!
다시 사람이 되기를 기도하네!

The scene moves outside, where MRS. POTTS and COGSWORTH are standing on a fence. COGSWORTH is wearing a farmer-style hat and holding a **pitchfork**.

포트 부인과 콕스워스가 울타리에 서 있는 장면으로 이동한다. 콕스워스가 쇠스랑을 들고 농부 스타일의 모자를 쓰고 있다.

MRS. POTTS and COGSWORTH

When we're human again,
Only human again.
When the world once more starts making sense.

포트 부인과 **콕스워스**
우리가 다시 사람이 되면,
사람이 되기만 한다면.
다시 한번 납득이 되는 세상이 될 때.

A BUCKET and a couple of BRUSHES hop past. COGSWORTH goes to follow them, but the pitchfork **gets stuck** and COGSWORTH flies into the barn, where LUMIERE is brushing the horse's nose and lands in a bucket of water.

양동이와 브러시 몇 개가 뛰어 지나간다. 콕스워스가 그들을 따라가지만, 쇠스랑이 뭔가에 걸려서 콕스워스는 뤼미에르가 말의 코를 쓸어주고 있는 헛간으로 날아가서 물 양동이 위에 떨어지고 만다.

COGSWORTH I'll unwind for a change.

콕스워스 난 기분 전환할 겸 긴장을 풀어야겠어.

LUMIERE Really? That'd be strange. (He helps COGSWORTH out)

뤼미에르 정말? 그것 참 희한하겠네. (그가 콕스워스를 돕는다)

COGSWORTH **Can I help it if❶ I'm t-t-tense?**
In a shack by the sea.
I'll sit back sipping tea, (He starts drying himself with a towel)
Let my early **retirement commence!**

콕스워스 너무 긴장해서 그런 걸 어쩌겠어?
바닷가에 작은 오두막집에서
차를 홀짝거리며 발을 쭉 뻗고 앉아서, (수건으로 몸의 물기를 말리기 시작한다)
조기 은퇴 후 휴양을 시작해 보자고!

---

good and ~ 완전히, 철저히
rouge 〈구식〉 볼 연지
fit through something 크기가 적당하여 ~을 지나갈 수 있는
exude (특정한 느낌 등을) 물씬 풍기다
savoir faire 〈프랑스어〉 (사교적인) 재치/수완/화술
pitchfork 쇠스랑, 농사지을 때 쓰는 갈퀴 같은 것
get stuck 꼼짝 못하게 되다, ~에 갇히게 되다
early retirement 조기 은퇴
commence 〈격식〉 시작하다

❶ **Can I help it if ~?**
~한 것을 어떻게 하겠어요?
'이건 내가 어떻게 할 수 있는 문제가 아니잖아'로 해석하면 자연스러운 표현이에요. 예를 들어, Can I help it if I'm popular? '내가 인기가 좋은 걸 난들 어쩌겠어요?', Can I help it if you think so? '네가 그렇게 생각한다면 내가 뭘 어쩌겠어?' 이런 식의 뉘앙스랍니다.

Far from fools made of wax, (He puts the towel over LUMIERE)
I'll **get down to brass tacks.**

왁스로 만들어진 바보들과는 완전 차원이 다르게,
(그가 수건으로 뤼미에르를 덮어버린다)
본론으로 들어갈게.

Behind him, LUMIERE takes the towel off his head, **rolls** it **up** and **snaps** it on COGSWORTH, who falls back into the water while saying his line.

그의 뒤에서, 뤼미에르가 머리에 얹혀진 수건을 벗어 돌돌 말아서 콕스워스를 탁 치자 말을 하고 있던 콕스워스가 물로 떨어진다.

<u>**COGSWORTH**</u> And relax!

콕스워스 그리고 편히 쉬어야지!

---

far from ~에서 멀리, ~와는 전혀 다른, ~와는 거리가 먼

get down to brass tacks 본론으로 들어가다 (= get down to business)

roll up 두르르 말다

snap 〈탁 소리를 내며 재빨리 움직이거나 움직이는 것을 나타냄〉 탁 치다, 톡 쏘다, 딱 부러뜨리다

Tonight Is the Night!

오늘 밤이 바로 그날이에요!

🎧 23.mp3

ALL	When I'm human again!	**모두** 다시 사람이 되면!
	So **sweep the dust** from the floor.	그러니 바닥 먼지를 쓸자.
	Let's let some light in the room.	방안에 햇볕도 좀 들어오게 하고.
	I can feel, I can tell.	느낄 수 있네, 알 수 있지
	Someone might break the spell.	누군가 마법을 풀지도 모른다는 걸.
	Any day now!	이제 곧!
	Shine up the brass on the door.	문에 달린 놋쇠 손잡이도 깨끗이 닦고.
	Alert the **dustbin** and broom.	쓰레기통과 빗자루에게 알려.
	If it all goes as planned,	모든 것이 계획대로 되면.
	Our time may be **at hand**.	우리의 때가 머지않을 수도 있다고.
	Any day now!	이제 곧!
DUSTERS	Open the shutters and **let in some air**.	**먼지떨이들** 셔터를 열고 환기시켜라.
MRS. POTTS	Put these here, and put those over there.	**포트 부인** 이것들은 이쪽으로, 저것들을 저쪽으로
ALL	Sweep up the years,	**모두** 오래 묵은 시간을 쓸어내고.
	The sadness and tears.	슬픔과 눈물들.
	And throw them away.	모두 다 버리자고.

The BROOMS sweep the dust off the balcony and it falls on COGSWORTH, who is organizing the SHOVELS below. The camera goes through the window to where the MOPS are mopping a great hall.

빗자루들이 발코니의 먼지들을 쓸다가 삽들을 정리하고 있는 콕스워스 위로 넘어진다. 카메라가 대회당을 닦고 있는 대걸레들을 비추는 창을 쭉 훑으며 지나간다.

ALL	We'll be human again,	**모두** 다시 사람이 되면,
	Only human again.	사람이 되기만 하면.
	When the girl finally **sets us** all **free**.	그 소녀가 우리 모두를 자유의 몸이 되게 하면.
	Cheeks **a-bloomin'** again,	뺨들에 다시 붉은 꽃이 피고.
	We're **assumin'** again.	우린 다시 척하며 살 거고.
	We'll **resume** our **long-lost joie de vivre**.	오랫동안 잃고 살았던 삶의 환희를 되찾게 될 거야.

---

sweep the dust 먼지를 쓸다

Any day now! 곧, 얼마 안 있어서, 머지않아 곧 (= any time/moment now)

dustbin 휴지통/쓰레기통

If it all goes as planned 모든 것이 계획한 대로 잘 진행된다면

at hand (시간, 거리상으로) 가까운, 머지않아, 곧

let in some (fresh) air 환기를 시키다

set someone free ~을 자유의 몸이 되게 하다, 석방하다, 풀어 주다

a-bloomin' blooming을 발음 나는 대로 쓴 것

assume 가정하다, 〈격식〉 권력/책임을 맡다, ~인 척하다, 가장하다

resume 재개하다/되다, 다시 시작하다/되다

long-lost 오랫동안 소식을 듣지 못한/보지 못한, 오랫동안 잃었던

joie de vivre 〈프랑스어〉 삶의 환희

We'll be playin' *again*,
Holidayin' *again*.
And we're prayin' its **A.S.A.P.**
We will push, we will **shove**,
They will both fall in love.
And we'll finally be human again!

우린 다시 뛰어놀고,
휴가도 떠나고,
우린 그 날이 가능한 빨리 오기를 기원하고 있네
우린 힘쓸 것이야, 밀어붙이고,
그 둘이 같이 사랑에 빠지도록,
그래서 우리가 마침내 다시 사람이 될 수 있도록!

FOOTSTOOL **dashes** through the room chasing a cushion that was obviously once the castle cat. The BROOMS and MOPS sweep him out of the room and we go to the den, where BELLE and BEAST are seated at a table. BELLE is reading to BEAST.

발 받침대가 누가 봐도 알아볼 수 있는 예전에 성의 고양이었던 쿠션을 쫓아서 쌩 지나간다. 빗자루들과 대걸레들이 그를 방에서 쓸어내고 우린 벨과 야수가 테이블에 앉아있는 모습을 보게 된다. 벨이 야수에게 책을 읽어주고 있다.

BELLE	"There never was a story of more **woe** than this of Juliet and her Romeo."	벨 "줄리엣과 그의 로미오의 이야기만큼 슬픈 이야기는 세상에 없어요."
BEAST	Could you read it again?	야수 다시 한번 읽어주겠소?
BELLE	Here -- **why don't you read it to me?**❶	벨 자 여기요. 당신이 저에게 읽어 주시면 어떨까요?
BEAST	Uh ... alright. (He takes the book and tries) I can't.	야수 어… 그렇죠. 못 읽겠어요.
BELLE	You mean you never learned?	벨 읽는 법을 배운 적이 없으시다는 말씀이신가요?
BEAST	I learned -- a little. It's just been so long.	야수 배우긴 했지만… 약간. 그게 좀 오래돼서.
BELLE	Well, here, I'll help you. Let's start here.	벨 자, 그럼, 제가 도와 드릴게요. 여기서부터 시작하죠.
BEAST	Here. Okay -- "Twoh" -- ?	야수 여기요. 좋아요… "도"…?
BELLE	"Two."	벨 "두."
BEAST	"Two." I knew that. "Two **households**" --	야수 "두." 알고 있었소. "두 가정" —

The camera moves outside the window, where the OBJECTS have moved to the garden and are cleaning up out there while singing.

카메라가 창문 밖으로 장면을 이동해서 하인들이 정원에서 노래를 부르며 청소하고 있는 모습을 비춘다.

A.S.A.P. 가능한 빨리 (= as soon as possible)
shove (거칠게) 밀치다/떠밀다
dash 황급히/맹렬히 달려가다, 급히 서둘러 가다
woe 비통, 비애, 큰 슬픔
household 가정

❶ **Why don't you read it to me?**
당신이 제게 읽어 주면 어때요?
'Why don't you…?'은 '~하지 않겠니,
~하는 게 어때?'하는 권유(제안) 패턴으로 많이
쓰입니다. '~을 해라' 보다는 좀더 공손하고
부드러운 뉘앙스죠. 뒤에 다양한 동사를 넣어
연습해 보세요.

ALL	We'll be dancing again,	모두 우린 다시 춤을 출 거야.
	We'll be **twirling** again,	우린 다시 빙글빙글 돌 거야.
	We'll be **whirling** around with such ease.	아주 편하게 빙그르르 돌며 춤출 거라고.
	When we're human again,	우리가 다시 사람이 되면,
	Only human again.	사람이 되기만 하면,
	We'll go waltzing those old one-two-threes.	우린 원, 투, 쓰리, 원, 투, 쓰리 하며 그 옛날의 왈츠를 출 거라고.

We'll be floating again,
We'll be gliding again,
Stepping, **striding as fine as you please**.
Like a real human does. (LUMIERE turns on a fountain)
I'll be all that I was. (COGSWORTH turns on a fountain)
On that **glorious morn** when we're finally **reborn**.
And we're all of us human again!

우린 다시 둥둥 떠다닐 거고,
다시 미끄러지듯 날아다닐 거고,
아주 멋지게 스텝을 밟으며 쿵쿵 춤을 출 거에요.
진짜 사람들이 하는 것처럼. (뤼미에르가 분수를 튼다)
나의 원래 모습으로 돌아갈 거야. (콕스워스가 분수를 튼다)
우리가 마침내 다시 태어나는 그 빛나는 아침에.
우린 모두 다시 사람이 될 거야!

WARDROBE bursts out onto the balcony wearing a pink bathing suit and cap. She dives for the pool and all the OBJECTS **scatter**. WARDROBE lands and the water goes everywhere. Cut to interior of BEAST'S lair. He's in the tub, being washed by COATRACK in preparation for his big night. LUMIERE is there with him.

옷장이 분홍색 샤워 가운과 모자를 쓰고 발코니로 불쑥 등장한다. 그녀가 풀장으로 다이빙을 시도하자 모든 하인들이 모두 흩어진다. 옷장이 물속으로 뛰어들자 물이 사방으로 튄다. 야수의 방 장면. 그가 욕조에 앉아 있고 중요한 밤을 위해 준비하기 위해 코트 걸이가 그를 씻겨 주고 있다.

Cut to int. of BEAST's lair. He is in the tub getting **washed up** for **the big night** with BELLE. LUMIERE is there with him.

야수의 방 내부 장면. 그가 오늘 밤 있을 벨과의 중요한 데이트에 준비하기 위해 욕조에서 목욕하고 있다. 뤼미에르가 그와 함께 있다.

바로 이장면!

LUMIERE	Tonight is the night!	뤼미에르 오늘 밤이 바로 그 날이에요!
BEAST	(**hesitantly**) I'm not sure I can do this.	야수 (망설이며) 글쎄 내가 할 수 있을지 모르겠군.
LUMIERE	You don't have time to be **timid**. You must be **bold, daring**.	뤼미에르 소심하게 구실 시간이 없어요. 용감하고 대담해야만 해요.

twirl (춤을 추거나 하면서) 빙글빙글 돌다	wash up 세수하다, 씻다, 설거지를 하다
whirl 빙그르르/빙빙 돌다	the big night 중요한 밤
stride 성큼성큼 걷다	hesitantly 망설이며
as fine as you please 원하는 만큼 멋지게, 훌륭하게	timid 소심한, 용기가 없는, 자신감이 없는
glorious 영광스러운, 영예로운, 눈부신	bold 용감한, 대담한
morn 〈문예체〉 아침 (= morning)	daring 대담한, 위험한
reborn 거듭난, 다시 태어난	
scatter 뿌리다, 황급히 흩어지다	

BEAST	Bold. Daring.	야수	용감하고 대담하게.

BEAST has emerged from the tub and **shakes himself dry**.

야수가 욕조에서 나와 몸을 흔들어 말린다.

LUMIERE	There will be music. Romantic candlelight, **provided** by **myself**, and when the time is right, you confess your love.	뤼미에르	음악이 있을 거고, 로맨틱한 촛불, 제가 준비할 거예요. 그리고 분위기가 무르익으면 사랑을 고백하세요.
BEAST	(Inspired) Yes, I – I can--No, I can't.	야수	(영감을 받아) 그래, 난…난 할 수…아니 난 못하겠어.
LUMIERE	**You care for the girl,**[1] don't you?	뤼미에르	그녀를 좋아하시죠, 그죠?
BEAST	More than anything.	야수	세상 그 무엇보다도 더.
LUMIERE	Well then you must tell her.	뤼미에르	자 그렇다면 그녀에게 말해야만 해요.

COATRACK has been cutting BEAST's hair. It finishes and steps back.

코트 걸이가 야수의 머리를 자르고 있었는데 이발을 끝내고 뒤로 물러선다.

LUMIERE	**Voila**. You look so...so...	뤼미에르	우와. 주인님 저…정말…

Cut to shot of BEAST in **pig-tails** and bows.

땋은 머리를 하고 인사하는 장면.

BEAST	Stupid.	야수	바보 같군.
LUMIERE	Not quite the word I was looking for. Perhaps a little more off the top.	뤼미에르	그게 내가 찾던 단어와는 조금 다르네요. 윗머리를 약간 더 자르면 괜찮을 것도 같은데.

COATRACK begins to cut and chop again. COGSWORTH enters.

코트 걸이가 다시 머리를 자르기 시작한다. 콕스워스가 들어온다.

COGSWORTH	Ahem ahem ahem. Your lady **awaits**.	콕스워스	에헴 에헴 에헴. 당신의 숙녀가 기다립니다.

Cut to grand staircase, where BELLE **descends** from the West Wing side in a **glittering** gold **ball** gown. She reaches the landing and looks up at BEAST, who is standing at the top of the stairs in his dress clothes.

장엄한 계단 장면. 벨이 반짝반짝 빛나는 황금빛의 무도회 드레스를 입고 서관에서 내려온다. 그녀가 계단의 중간 부분의 평평한 곳까지 내려와 계단의 꼭대기에 서 있는 정장을 입은 야수의 모습을 올려다 본다.

---

shake oneself dry (샤워를 하거나 몸이 젖었을 때 개처럼) 흔들어 말리다

provide oneself 스스로 마련하다

inspired 영감을 받은

voila 〈프랑스어, 감탄사〉 자 봐, 보란 말이야, 어때 (성공, 만족의 표시)

await 〈격식〉 ~을 기다리다

descend 〈격식〉 내려오다, 내려가다

glitter (다이아몬드처럼) 반짝반짝 빛나다

ball 무도회

> ❶ **You care for the girl.**
> 그녀를 좋아하죠.
> care for은 흔히 '보살피다, 돌보다'라는 뜻으로 많이 알고 계시죠. 이 문장은 '당신은 그녀를 돌본다'라는 뜻이 아닌 '그녀를 좋아하다(사랑하다)'라는 뜻입니다. care for은 love와 같은 의미도 있다는 점 기억하세요.

He is nudged on by LUMIERE from behind the curtain, and he descends and meets BELLE at the landing. **Arm in arm**, they descend the last section of stairs and **continue on their way** to dinner, stopped **momentarily** by FOOTSTOOL. MRS. POTTS sings from her cart with CHIP on board.

MRS. POTTS   Tale as old as time
True as it can be
Barely even friends
Then somebody bends **unexpectedly**.

Just a little change
Small **to say the least**
Both a little scared
Neither one prepared, beauty and the beast.

BELLE and BEAST have moved into the ballroom, where they move through a **computer perfect** dance **sequence**. BEAST **occasionally** looks over at LUMIERE and COGSWORTH for their approval. MRS. POTTS and CHIP are in the ballroom on their cart.

MRS. POTTS   Ever just the same
Ever a surprise
Ever as before, ever just as sure
As the sun will rise
Tale as old as time
Tune as old as song
Bittersweet and strange,
Finding you can change, learning you were wrong.

Certain as the sun
Rising in the east
Tale as old as time,
Song as old as **rhyme**, beauty and the beast.

그가 커튼 뒤에 숨은 뤼미에르에게 꼭 찔림을 받는다. 그리고는 그가 계단을 내려와 중간 부분에서 벨과 만난다. 팔짱을 끼고 계단의 마지막 부분을 같이 내려와서 저녁 식사를 하러 가는 도중 잠시 발 받침대로 인해 멈추게 된다. 포트 부인이 칩이 같이 타고 있는 운반대 위에서 노래한다.

포트 부인 시간 속에 흘러온 아주 오래된 이야기
더할 수 없을 만큼 진실한 이야기
친구라 할 수도 없던 그들 사이에
그러다 돌연히 누군가 마음을 풀었죠.

아주 작은 변화
전혀 과장 안 하고, 정말 작은 변화
둘 다 조금은 겁이 났지만
서로 마음의 준비가 되지 않았음에도, 미녀와 야수.

벨과 야수가 무도회장으로 들어와 컴퓨터로 만들어 놓은 듯한 댄스 시퀀스에 따라 움직인다. 야수가 중간중간에 뤼미에르와 콕스워스를 쳐다보며 자신이 잘하고 있는지 그들의 눈치를 살핀다. 포트 부인과 칩은 무도회장 내의 운반대에 올려져 있다.

포트 부인 언제나 같은 느낌
언제나 다가오는 놀라움
예전처럼 여전하면서 언제나처럼 확실한
태양이 떠오르는 것처럼
시간 속에 흘러온 오래된 이야기
노래 속에 녹아온 선율 같은 사랑
쓰면서도 달콤하고 신비로운,
자신이 변할 수 있음을 알게 되고, 잘못됐음을 깨닫고.

햇살처럼 확실한
동쪽 하늘에서 떠오르는
시간 속에 흘러온 오래된 이야기,
시처럼 오래된 노래, 미녀와 야수.

---

arm in arm 서로 팔짱을 끼고
continue on one's way 가던 길을 계속 가다, 자기 방침대로 하다
momentarily 잠깐 동안, 순간적으로
unexpectedly 뜻밖에, 예기치 않게
to say the least 조금도 과장하지 않고, 아무리 적게 보아도
computer perfect 마치 컴퓨터로 만든 듯 완벽한
sequence (영화에서 연속성 있는 하나의 주제로 연결되는) 장면(시퀀스)
occasionally 가끔, 간간이, 중간중간에

bittersweet 씁쓸하면서 달콤한, 괴로우면서도 즐거운
rhyme 운(음조가 비슷한 글자) 운을 맞추다

Tale as old as time,
Song as old as rhyme, beauty and the beast.

(To CHIP) **Off to the cupboard with you**[1]
now, Chip. It's **past your bedtime.** Good
night, love.

시간 속에 흘러온 오래된 이야기,
시처럼 오래된 노래, 미녀와 야수.

(칩에게) 칩, 우리 같이 찬장으로 들어가자. 잘 시
간이 지났어. 잘 자라, 우리 아가.

---

past a person's bedtime (부모가 아이들에게 자주 쓰는 표현) 잘 시간이 지난

[1] **Off to bed with you.**
빨리 자라.
'(be) off to 장소' 패턴으로 I'm off to
New York. '나는 뉴욕으로 떠난다'라고
쓸 수 있습니다. 흔히 아이들에게 빨리
자라고 할 때 부모님이 Off to bed with
you!라고 하시죠. 이 장면에서는 bed 대신
cupboard(찬장)으로 쓰였네요.

Free at Last

드디어 자유의 몸

🎧 24.mp3

CHIP slides off the end of the cart, and hops out of the room, but comes back for **one last look**. BELLE and BEAST have **adjourned to** the balcony under a **starry night**.

BEAST   Belle? Are you happy here with me?

BELLE   (Hesitantly) Yes.

She looks off **into the distance**.

BEAST   What is it?

BELLE   (Looks at him **desperately**) If only I could see my father again, just for a moment. I miss him so much.

He looks disappointed for a moment, then excited.

BEAST   There is a way.

The pair **adjourn** to BEAST's lair, where BEAST hands BELLE the MAGIC MIRROR.

BEAST   This mirror will show you anything, anything you wish to see.

BELLE   (Hesitantly) I'd like to see my father, please.

The MAGIC MIRROR **shines into life**, and BELLE **turns her head away** as it **flashes**. Then it reveals MAURICE fallen in the woods, **coughing** and lost. BELLE is shocked. BEAST looks at her with **concern**.

칩이 운반대의 끝으로 미끄러져 내려오고 방에서 뛰어나가다가 마지막으로 한 번만 더 보고 가려고 다시 돌아온다. 벨과 야수가 춤을 잠시 멈추고 발코니로 자리를 옮겨 별이 빛나는 밤하늘 아래 서 있다.

야수 벨? 여기에 나와 함께 있어서 행복한가요?

벨 (망설이며) 네.

그녀가 저 먼 곳을 바라다본다.

야수 무슨 문제라도?

벨 (절박한 표정으로 그를 보며) 우리 아빠를 다시 볼 수만 있다면, 잠시만이라도, 아빠가 너무 보고 싶어요.

그는 잠시 실망한 듯 보이다가, 기분이 좋아졌다.

야수 방법이 있어요.

둘은 대화를 잠시 중단하고 야수의 방으로 옮기고, 야수가 벨에게 마법의 거울을 건네준다.

야수 이 거울이 무엇이든, 당신이 보기를 원하는 무엇이든 다 보여줄 거예요.

벨 (망설이며) 우리 아빠를 보고 싶어요, 제발.

마법의 거울이 생동하며 밝게 빛나기 시작하고 벨은 눈이 부셔 얼굴을 돌린다. 그리고 거울은 모리스가 숲속에 넘어져 기침하며 길을 잃어 헤매고 있는 장면을 보여준다. 벨은 충격을 받는다. 야수가 근심되는 눈으로 그녀를 본다.

---

one last look 마지막으로 한번 더 보는 것
adjourn to (특히 쉬기 위해) ~로 자리를 옮기다
starry night 별빛 밝은 밤
into the distance 저 멀리/먼 곳에
desperately 절박하게, 필사적으로
adjourn 중단하다
shine(spring 등의 특정 동사) + into life 돌연 활기를 띠다. 활력이 생기다

turns one's head away 외면하다, 고개를 돌리다
flash (잠깐) 비치다/번쩍이다
cough 기침하다
concern 관심, 걱정

바로 이장면!*

BELLE	Papa. Oh, no. He's sick, he may be dying. And he's **all alone**.	벨 아빠. 오, 안 돼. 아빠가 아파요. 돌아가실지도 몰라요. 게다가 혼자 있어요.

BEAST turns, then looks at the rose, **deep in thought**.

야수가 돌아서서 장미를 보며 깊은 생각에 잠긴다.

BEAST	Then...then you must go to him.	야수 그렇다면… 그렇다면 당신이 그에게로 가봐 야지요.
BELLE	What did you say?	벨 뭐라고 하셨어요?
BEAST	I **release** you. You are no longer my prisoner.	야수 당신을 풀어 주겠소. 이제 당신은 더 이상 제 포로가 아니오.
BELLE	(**In amazement**) You mean...I'm free?	벨 (놀라며) 그러니까…저를 풀어 준다고요?
BEAST	Yes.	야수 그렇소.
BELLE	Oh, thank you. (To MAGIC MIRROR) Hold on, Papa. I'm **on my way**.	벨 오, 고마워요. (마법의 거울에게) 잠시만요. 아 빠. 지금 가고 있어요.

BELLE turns to leave, then turns back and pushes the MAGIC MIRROR back to BEAST.

벨이 떠나려 돌아서다가, 다시 돌아와 야수에게 마 법의 거울을 돌려준다.

BEAST	Take it with you, so you'll always have a way to **look back**, and remember me.	야수 가지고 가시오. 그래서 늘 다시 되돌아볼 수 있도록. 그리고 나도 기억할 수 있도록.

BELLE	Thank you for understanding how much he needs me.	벨 아빠가 나를 얼마나 필요로 할지 이해해 주셔 서 고마워요.

BELLE turns to leave and BEAST looks down in depression. She touches her hand to his cheek and rushes out. We see BELLE's skirt fly past COGSWORTH, who has entered the room.

벨이 떠나려고 돌아서고 야수는 우울해 하며 고개 를 떨군다. 그녀가 손을 그의 볼에 대고 황 급히 뛰쳐나간다. 그 순간 방에 들어오던 콕스워스 옆으로 벨의 스커트가 날아가는 것처럼 지나간다.

COGSWORTH	Well, **your highness**. I must say everything is going just **peachy**. I knew **you had it in you**.❶	콕스워스 아니, 주인 나으리. 모든 것이 다 아무 문제 없이 잘 되어가고 있었잖아요. 분명히 잘 해 내실 거라고 믿었는데요.

---

all alone 〈강조〉 홀로, 혼자서, 남의 도움 없이

deep in thought 깊은 생각에 잠겨, 생각에 잠긴

release (구속되어 있는 상태에서) 풀어 주다, 석방/해방하다

in amazement 놀라서, 어이가 없어서

on one's way 도중에

look back (과거를) 되돌아보다

your highness 〈격식〉 왕자나 공주를 높여 부르는 호칭, 전하

peachy 복숭아 같은, 아주 멋진, 좋은, 훌륭한

❶ **You have it in you.**
그것을 잘 해 낼 능력이 있어.
have it in you (to do something)은 '~을 할 능력이 있다'는 표현으로 직역하면 '무엇을 할 능력(it)이 너 안에 있다'라고 해석할 수 있습니다. 누구에게나 그런 힘(능력)이 있겠죠?

BEAST	(Very sad) **I let her go.**[1]	야수 (많이 슬퍼하며) 내가 그녀를 보내줬어.
COGSWORTH	Ha ha ha, yes. **Splend—**	콕스워스 하하하, 네, 아주 멋진…

COGSWORTH stops in the middle of his sentence.

콕스워스가 말하다가 문장 중간에 멈춘다.

COGSWORTH	You what? How could you do that?	콕스워스 뭘 어쨌다고요? 어떻게 그럴 수가 있어요?
BEAST	I had to.	야수 그래야만 했어.
COGSWORTH	(Still **amazed**) Yes, but why?	콕스워스 (아직도 놀란 상태로) 네, 하지만 왜요?
BEAST	Because, I love her.	야수 왜냐하면 그녀를 사랑하니까.

---

splendid 멋진, 훌륭한
amazed 놀란

> **❶ I let her go.**
> 내가 그녀를 보내줬어.
> 'let + 목적어 + 동사원형' (~가 …하게
> 하다)은 익숙한 패턴이죠? 여러분이 잘 아는
> Let it go!부터 let me in, let it be 등
> 다양하게 활용할 수 있습니다.

Loving Him in Return

그의 사랑에 대해 화답하는 사랑

🎧 25.mp3

Cut to COGSWORTH telling the rest of the OBJECTS about BEAST's decision.

콕스워스가 야수의 결정에 대해서 나머지 하인들에게 말해주는 장면.

바로 이장면! *

ALL (ex. COGSWORTH) He did what?!?!

모두 (콕스워스만 빼고) 그가 뭘 했다고?!?!

COGSWORTH Yes, **I'm afraid it's true.** ❶

콕스워스 네, 안타깝게도 사실이에요.

CHIP She's going away?

칩 그녀가 떠난다고요?

LUMIERE But he was so close.

뤼미에르 하지만 거의 다 왔는데.

MRS. POTTS **After all this time**, he's finally learned to love.

포트 부인 이제서야, 마침내 그가 사랑하는 법을 배웠는데.

LUMIERE That's it, then. That should break the spell.

뤼미에르 그럼 다 된 거네요. 그걸로 마법은 풀릴 수 있겠어요.

MRS. POTTS But it's not enough. She has to love him **in return**.

포트 부인 하지만 그걸로 충분하지 않아. 그녀 또한 그를 사랑해야만 해.

COGSWORTH And now it's too late.

콕스워스 그럼 이제 너무 늦어버린 거네요.

Cut to BEAST watching BELLE leave from above. He roars **in sorrow** and anger. His roar turns into the sound of the wind. BELLE is out in the snow, calling out "Papa?" Finally, she finds him **face down** in a **snowbank**. They return home, where LEFOU is still waiting, **disguised** as a snowman.

벨이 떠나는 것을 야수가 위에서 보는 장면. 그는 화가 나고 서러워 포효한다. 그의 포효가 바람 소리로 변한다. 벨은 눈보라 속에서 아빠를 외치고 있다. 결국, 그녀는 눈 더미 속에 엎어져 있는 그녀의 아버지를 발견한다. 그들이 집으로 돌아오자 르푸가 눈사람으로 변장하고 그들을 기다리고 있다.

LEFOU Oh, they're back.

르푸 오, 그들이 돌아왔어.

---

after all this time 이제서야, 이제 와서, 이 모든 일이 있고 나서
in return 답례로, 보답으로, 대신에
in sorrow 서러워서, 비탄에 잠겨서
face down 얼굴을 밑으로 향하고, 엎드려
snowbank 눈더미
disguised 변장한, 속임수의

❶ **I'm afraid it's true.**
안타깝지만 사실이에요.
'I'm afraid (that) + 절' 패턴은 '유감이지만 ~하다'라는 의미로 유감스러운 내용을 말할 때 정중하게 덧붙일 수 있습니다. 참고로 I'm afraid of~는 '~을 무서워 한다, 두려워 한다'입니다.

Cut to black. POV of MAURICE as his eyes open. He sees BELLE.

MAURICE Belle?

<u>BELLE</u> It's all right, Papa. I'm home.

MAURICE I thought I'd never see you again.

<u>BELLE</u> I missed you so much.

MAURICE But the beast. How did you escape?

<u>BELLE</u> I didn't escape, Papa. He let me go.

MAURICE That horrible beast?

<u>BELLE</u> But **he's different now.**❶ He's changed somehow.

There is sound coming from BELLE's **pack**. The **flap** opens and the MAGIC MIRROR falls out with CHIP **rolling to a stop** on it.

CHIP Hi!

<u>BELLE</u> Oh, a **stowaway**.

MAURICE Why, hello there, little **fella**. Didn't think I'd ever see you again.

CHIP turns to BELLE with **a look of question on his face**.

CHIP Belle, why'd you go away? Don't you like us anymore?

<u>BELLE</u> Oh, Chip. Of course I do. It's just that—

암전 장면. 모리스가 눈을 뜨며 모리스의 시점. 그가 벨을 본다.

모리스 벨?

<u>벨</u> 괜찮아요, 아빠. 제가 집으로 돌아왔어요.

모리스 널 다시는 못 볼 줄 알았단다.

<u>벨</u> 아빠 정말 보고 싶었어요.

모리스 하지만 야수가... 도대체 어떻게 탈출한 거니?

<u>벨</u> 탈출한 게 아니에요, 아빠. 그가 날 보내줬어요.

모리스 그 무서운 야수가?

<u>벨</u> 지금은 많이 달라졌어요. 이유는 알 수 없지만 변했어요.

벨의 가방에서 소리가 들린다. 가방 덮개가 열리고 마법의 거울이 떨어지는데 칩이 같이 굴러 나오다가 그 위에 멈춘다.

칩 안녕하세요!

<u>벨</u> 오, 밀항자네.

모리스 오 이런, 안녕, 꼬마야. 너를 다시 보게 될 줄은 몰랐구나.

칩이 의문이라는 듯한 표정을 지으며 벨에게로 돌아선다.

칩 벨, 왜 떠나셨어요? 우리가 이제 싫어지신 거예요?

<u>벨</u> 오, 칩. 물론 난 너희들을 좋아하지. 하지만 단지…

---

pack 묶음, 꾸러미, 배낭
flap (봉투, 호주머니 위에 달린 것 같은 납작한) 덮개
roll to a stop 굴러오다가/달리다가 멈추다
stowaway (배, 비행기 등을) 몰래 탄 사람, 밀항자
fella 〈비격식〉 남자
a look of question on one's face 이해되지 않는다는 표정, 의문이 어린 눈빛

❶ **He is different now.**
그는 이제 변했어요.
'그는 예전과 다르다' '그는 이제 변했다'는 의미의 이 표현은 He has changed와 함께 사람이 예전과 다르게 변모했을 때 가장 많이 쓰이는 표현이에요. 조심할 것은 different 앞에 오는 동사는 be동사/is 이고 changed 앞에 오는 동사는 have/has 라는 것.

One Little Word

짧은 한마디 말

🎧 26.mp3

There is a knocking at the door. BELLE opens it and MONSIEUR D'ARQUE stands on the porch.	문에서 노크하는 소리가 들린다. 벨이 문을 열자 미스터 다크가 현관 앞에 서 있다.
BELLE May I help you?	벨 무슨 일이시죠?
D'ARQUE I've come to **collect** your father.	다크 당신의 아버지를 데려가려고 왔습니다.
He **steps aside** to show the Asylum **D'Loons wagon** behind him.	그가 옆으로 비켜서니 그의 뒤로 정신병원 뒬룬의 마차가 기다리고 있다.
BELLE My father?	벨 우리 아빠를요?
D'ARQUE Don't worry, mademoiselle. We'll take good care of him.	다크 걱정 말아요, 아가씨. 우리가 잘 돌봐줄 거예요.
BELLE My father's not crazy.	벨 우리 아빠는 미치지 않았어요.
LEFOU (Emerging from the crowd) He was **raving** like a **lunatic**. We all heard him, didn't we?	르푸 (군중 속에서 앞으로 나오며) 그가 미친 사람처럼 마구 날뛰었어. 우리 모두 다 들었다고, 안 그런가요 여러분?
BYSTANDERS Yeah!	구경꾼들 네!
BELLE No, I won't let you.	벨 안돼요. 절대 당신들이 그렇게 하게 두지 않을 거예요.
MAURICE has emerged from the home.	모리스가 집에서 등장한다.
MAURICE Belle?	모리스 벨?
LEFOU Ah, Maurice. Tell us again, old man, just how big was the beast?	르푸 아, 모리스. 다시 한번 말해봐요, 영감님. 그 아수 놈이 얼마나 크다고요?
MAURICE (**Struggling**) Well, he was...that is...**enormous**. I'd say at least eight, no, more like ten **feet**.	모리스 (힘들어하며) 으, 그놈이… 그게… 엄청 났지. 적어도 8피트 정도, 아니 한 10피트정도 될 거야.

---

collect 모으다, 수집하다, ~을 데리러 가다

step aside 옆으로 비키다, 요직 등에서 물러나다

d' 프랑스(이탈리아)인 이름 앞에 붙는 de [di]의 단축형

loon 얼간이, 바보, 미치광이

wagon 마차, 화차

rave 헛소리 하다, 악을 쓰다

lunatic 미치광이, 정신병자

struggle 몸부림치다, 허우적거리다

enormous 막대한, 거대한

feet 피트, 길이 단위로 약 12인치 또는 30.48센티미터에 해당 (8피트(2m 40cm), 10피트(3m))

CROWD laughs at him. | 군중이 그를 비웃는다.

LEFOU   Well, **you don't get much crazier than that.**❶

르푸 내 참. 저것보다 어떻게 더 미칠 수가 있겠어.

MAURICE It's true, I tell you!

모리스 사실이야, 진짜라니깐

D'ARQUE waves his arms and **ORDERLIES** move in and pick up MAURICE.

다크가 그의 팔을 흔들어 신호를 보내니 병원 직원들이 들어와서 모리스를 들어 나른다.

바로 이장면!

LEFOU   Take him away!

르푸 그를 데리고 가요!

MAURICE Let go of me!

모리스 날 놔라!

GASTON has been watching from the sides, standing near D'ARQUE.

가스통이 옆쪽에서 다크와 가까이 서서 보고 있다.

BELLE   (To D'ARQUE.) No, you can't do this!

벨 (다크에게) 안돼, 이럴 수는 없어요!

D'ARQUE **shakes her off** and **walks away**.

다크가 그녀를 뿌리치고 그냥 가버린다.

GASTON Tsk, tsk, tsk. Poor Belle. **It's a shame** about your father.

가스통 쯧, 쯧, 쯧, 불쌍한 벨. 아버지 일은 참 안됐소.

BELLE   You know he's not crazy, Gaston.

벨 당신은 아빠가 미치지 않았다는 거 알잖아요, 가스통.

GASTON I might be able to **clear up** this little **misunderstanding**, if...

가스통 어쩌면 내가 오해를 풀어줄 수 있을지도 모르겠는데, 만약에…

BELLE   If what?

벨 만약에 뭐요?

GASTON If you marry me.

가스통 만약에 당신이 나와 결혼한다면 말이오.

BELLE   What?

벨 뭐라고요?

GASTON One little word, Belle. That's all it takes.

가스통 짧게 한마디만 하면 돼요, 벨. 그러면 다 돼요.

---

orderly (병원의) 잡역부, 허드렛일을 하는 사람, (군대의) 잡역병
let go of (손으로 잡고 있던 것을) 놓다
shake off (붙잡고 있는 것을) 뿌리치다
Tsk, tsk 쯧쯧 (못마땅하여 혀를 차는 소리)
It's a shame ~ 참으로 유감이다/안타깝다/아쉬운 마음이 크다
clear up a misunderstanding 오해를 풀다

❶ **You don't get much crazier than that.** 저 정도면 대단히 미친 거야.
'저것보다 더 미치긴 쉽지 않아'라는 의미의 표현이에요. 형용사 crazy 대신 다른 형용사를 넣어서 같은 패턴을 적용해 보면 뉘앙스를 이해하기가 한결 쉬워질 거예요.

BELLE	Never!	벨 절대 안 돼요!
GASTON	**Have it your way.**[1]	가스통 그럼 당신 맘대로 하던지.

He turns and walks away slowly, **playing hard to get**.

그가 돌아서서 마치 밀당을 하듯 천천히 걸어간다.

MAURICE (Being thrown into the wagon.) Belle?

모리스 (마차에 던져진 상태로) 벨?

She runs back into the house.

그녀는 집으로 다시 뛰어들어간다.

MAURICE Let go of me!

모리스 나를 놓으란 말이다!

BELLE comes back out with MAGIC MIRROR. She yells to the crowd.

벨이 마법의 거울을 가지고 다시 밖으로 나온다. 그녀가 군중에게 소리친다.

BELLE   My father's not crazy and I can prove it! (To MIRROR) Show me the beast!

벨 우리 아빠는 미치지 않았어요. 제가 증명할 수 있어요! (거울에게) 야수를 보여줘!

MAGIC MIRROR again shines, then produces the image of the still depressed BEAST. The crowd **oohs and aahs** at it.

마법의 거울에서 다시 빛이 나오면서, 여전히 침울해 있는 야수의 모습을 보여준다. 군중이 우와 하고 놀란다.

WOMAN 1 Is it dangerous?

여자 1 그 야수가 위험한 존재인가요?

BELLE   (Trying to **reassure** her) Oh, no. He'd never hurt anyone. Please, I know he looks **vicious**, but he's really kind and gentle. He's my friend.

벨 (안심시키려 하며) 오, 아니에요. 절대 누구를 다치게 할 분이 아니에요. 정말이에요. 그가 무서워 보이는 건 저도 알지만, 알고 보면 정말 착하고 온순해요. 제 친구랍니다.

GASTON   **If I didn't know better**, I'd think you **had feelings for** this monster.

가스통 내가 잘 몰랐다면, 당신이 저 괴물을 좋아한다고 생각했겠소.

BELLE   He's no monster, Gaston. You are!

벨 그는 괴물이 아니에요, 가스통. 당신이 괴물이지!

GASTON   She's as crazy as the old man.

가스통 이 여자도 저 늙은이만큼 똑같이 미쳤군.

He grabs the MIRROR from her hand.

그가 그녀의 손에 있는 거울을 낚아챈다.

---

play hard to get (초대 등을 즉각 받아들이지 않고) 비싸게 굴다, 밀당을 하다
oohs and aahs 많은 사람들/군중의 놀람, 행복감을 나타내는 소리
reassure 안심시키다
vicious 잔인한, 포악한, 악랄한
If I didn't know better 만약 내가 잘 몰랐다면
have feelings for someone ~에게 관심이 있는

❶ **Have it your way.**
당신 마음대로 하시오.
'네 마음대로 해'라는 의미로 유명한 햄버거 브랜드의 슬로건이기도 합니다. 여기서는 '여러분 입맛대로 드세요'라고 풀이할 수 있답니다.

GASTON	The beast will **make off** with your children! He'll **come after** them in the night.	가스통	이 야수가 당신들의 아이들을 데려갈 거요! 한밤중에 아이들을 노릴 거라고.
BELLE	No!	벨	아니에요!
GASTON	We're not safe 'til his head is **mounted** on my wall! I say we kill the beast!	가스통	그의 머리가 우리 집 벽에 걸릴 때까지는 우린 안심할 수 없다! 야수를 죽이러 가재!

MOB cheers him and repeats the words 'kill him'.

폭도들이 그를 응원하며 '그를 죽여라'를 반복한다.

MAN 1	We're not safe until he's dead.	남자 1	그가 죽기 전엔 우린 안전하지 않아.
MAN 2	He'll come **stalking** us at night!	남자 2	그는 밤에 우리를 몰래 공격할 거야!
WOMAN 1	Set to sacrifice our children to his **monstrous appetite**!	여자 1	그의 엄청난 식성을 채우려면 우리 아이들을 희생시킬 거라고!
MAN 3	He'll **wreak havoc on** our village if we let him **wander** free.	남자 3	그냥 돌아다니게 내버려 두면 그 야수는 우리 마을을 엉망으로 만들고 말 거야.
GASTON	So it's time to **take some action**, boys. It's time to follow me!	가스통	그러니 이제 행동을 취해야 할 때가 됐네. 대장부들이여, 나를 따를 때가 됐다고!

GASTON throws a torch into a **haystack**, creating an instant **bonfire**. He begins to **prance** around it, warning of the dangers of the horrible BEAST.

가스통이 건초더미에 햇불을 던지니 갑자기 모닥불이 활활 타오른다. 그가 그 주위를 의기양양하게 활보하며 흉악한 야수의 위험을 경고한다.

---

make off with something/someone ～을 가지고 (훔쳐서) 급히 떠나다/달아나다

come after someone ～를 뒤쫓다/따라가다

mount (무엇을 사용 하기 위해) 끼우다/고정시키다

mob 군중, 무리, 폭도

stalk (사냥감 · 사람 등을) 몰래 접근하다; (이성에게) 집요하게 추근대다

monstrous 괴물 같은, 가공할, 무시무시한, 거대한

appetite 식욕, 욕구

wreak havoc on ～을 사정없이 파괴/황폐케 하다

wander (이리저리 천천히) 거닐다, 돌아다니다, 헤매다

take some action 뭔가 행동을 취하다, 조치를 취하다

haystack 건초더미

bonfire 모닥불

prance (과장되게 뽐내며) 활보하다, 껑충거리며 다니다

Gaston Leading the Mob
폭도들을 이끄는 가스통

🎧 27.mp3

<u>Mob</u>	Through the **mist**, through the woods, Through the darkness and the shadows, It's a nightmare but it's one exciting ride.	군중 안개를 뚫고, 숲을 지나, 어둠을 뚫고 그늘을 지나, 악몽이긴 하지만 스릴 넘치는 모험이라네.
	Say a prayer, then we're there, At the **drawbridge** of a castle, And there's something truly terrible inside.	기도를 해. 그럼 우린 거기에 도착할 거야, 성으로 연결된 다리에, 그리고 그 안엔 정말로 끔찍한 존재가 살고 있지.

GASTON chases LEFOU around, **mimicking** a monster.

가스통이 괴물의 흉내를 내며 르푸의 뒤를 쫓는다.

<u>Mob</u>	It's a beast, He's got fangs, **razor sharp** ones **Massive** paws, Killer claws for the **feast**.	군중 야수라네. 그는 면도칼처럼 날카로운 송곳니를 가졌지, 거대한 발, 만찬을 위한 죽음의 발톱을 가졌다네.

MAGIC MIRROR shows the face of BEAST to LEFOU, which GASTON **exaggerates** about.

마법의 거울이 가스통이 과장되게 묘사하는 야수의 얼굴을 르푸에게 보여준다.

<u>Mob</u>	Hear him roar, see him **foam**, But we're not coming home, 'Til he's dead, **good and dead**, kill the beast!	군중 그가 포효 소리를 들어봐, 입에 거품 무는 것을 보라고, 하지만 우린 집으로 돌아오지 않을 것이라네, 그가 죽을 때까지, 완전히 죽을 때까지, 야수를 죽이자!

바로 이장면!*

<u>BELLE</u>	**(Interjecting)** No, I won't let you do this.	벨 (불쑥 끼어들며) 안 돼, 당신이 이렇게 하도록 내버려 둘 수 없어.
<u>GASTON</u>	If you're not with us, you're against us. Bring the old man.	가스통 우리와 뜻을 같이하지 않는다면, 우리에게 대항하는 것으로 알겠소. 늙은이를 데려와.
<u>MAURICE</u>	Get your hands off me!	모리스 이 손 저리 치워!

GASTON throws them into the basement and **bolts** the door.

가스통이 그들을 지하실에 던지고 문에 빗장을 채운다.

---

mist 옅은 안개, 박무, 스프레이 분무

say a prayer 기도를 드리다

drawbridge 도개교 (들어올릴 수 있는 다리)

mimic (특히 사람들을 웃기려고) 남의 흉내를 내다

razor sharp 면도날같이 날카로운

massive 거대한, 엄청나게 큰

feast 연회, 잔치, 만찬

exaggerate 과장하다

foam 거품을 일으키다

good and + 형용사 〈강조〉 완전히, 철저히, 몹시

interject 말참견을 하다, 불쑥 끼어들다

bolt 빗장을 지르다, 문을 걸어 잠그다

GASTON	We can't have them running off to warn the creature!	가스통 이 인간들이 도망가서 괴물에게 알리게 할 수는 없잖아!
BELLE	**Let us out!**	벨 우리를 내보내 줘요!
GASTON	(To the CROWD) We'll rid the village of this beast. **Who's with me?**	가스통 (군중들에게) 이 야수 놈의 동네를 없애버릴 것이다. 나랑 동참할 자 누군가?

A chorus of "I am"s comes from the CROWD.

군중들에게서 "저요!"라고 하는 합창 소리가 들려온다.

Mob	Light your torch, mount your horse!	군중 횃불에 불을 붙이고 말에 올라타!
GASTON	**Screw your courage to the sticking place!**	가스통 사기를 드높이라!
Mob	We're **counting on** Gaston to lead the way! Through a mist, to a wood, Where within a **haunted** castle, Something's **lurking** that you don't see every day!	군중 가스통 님이 우리의 길을 이끌어 줄 것을 믿어요! 안개를 뚫고 숲으로, 유령이 있는 성안에, 흔치 않은 요상한 것이 숨어 도사리고 있는 곳으로!

GASTON leads the MOB through the town and out into the forest, where they start chopping trees **in preparation for** their **assault** on the castle.

가스통이 폭도를 이끌고 마을을 지나 숲으로 들어가고 그들은 성으로 가는 길에 싸움에 대비하여 나무를 베기 시작한다.

Mob	It's a beast, One as tall as a mountain! We won't rest, 'Til he's good and **deceased**! **Sally forth, tally ho,** Grab your sword, grab your bow, **Praise the Lord** and here we go!	군중 야수라네, 산만큼 키가 큰 놈! 우리 쉬지 않을 것이라네. 그가 완전히 죽을 때까지! 싸움에 나서자, 쉭쉭, 칼을 들고 활을 들어라, 주를 찬양하며 자 들어간다!
GASTON	We'll **lay siege to** his castle and bring back his head!	가스통 이 성을 포위 공격하여 그의 머리를 가져올 것이다!

---

let someone out (얽매인 것에서) 풀어 주다/해방시키다

Who's with me? 나와 동참할 사람 누군가?, 누가 나를 따르겠는가?

screw one's courage to the sticking place 용기를 북돋우다, 사기를 진작시키다

count on someone ~를 믿다, 의지하다, 기대하다

haunted (건물이) 귀신이 나오는, 귀신들린

lurk (특히 나쁜 짓을 하려고 기다리며) 숨어 있다/도사리다

in preparation for ~의 준비/대비로

assault (점거를 위한) 공격; 폭행, 폭행하다

deceased 사망한

sally forth (결연히 또는 신이 나서) 힘차게 떠나다

tally ho 〈감탄사〉 쉭쉭 (여우 사냥 등에서 사냥개를 부추기는 소리)

Praise the Lord 주님/신을 찬양하라

lay siege to something (군대가 도시, 건물 등을) 포위하다

Encroachers

침략자들

🎧 28.mp3

Cut to int. of basement, where BELLE is **prying** at the window with a stick.

지하실 내부 장면, 벨이 막대기를 들고 창문에서 동정을 살피고 있다.

BELLE   I have to warn the beast. This is all my fault. Oh, Papa. What are we going to do?

벨 야수에게 경고해야만 해요. 이게 다 내 잘못이에요. 오, 아빠. 우리 이제 어쩌죠?

MAURICE   (**Comforting** her) Now, now. We'll think of something.

모리스 (그녀를 위로하며) 자, 자. 뭔가 방법을 생각해야지.

We see CHIP looking in through the window. He turns around, thinking, and then he sees MAURICE's **contraption** with the axe on the end of it.

창문을 통해 들여다보는 칩의 모습이 보인다. 그가 생각하며 돌아본다. 그리고 모리스가 발명한 가장자리에 도끼가 달린 기계를 본다.

Mob   We don't like, what we don't,
Understand, it frankly scares us,
And this monster is **mysterious** at least!

Bring your guns, bring your knives,
Save your children and your wives,
We'll save our village and our lives,
We'll kill the beast!

군중 우린 좋아하지 않네, 우리가 이해하지 못하는 것을.
그것은 솔직히 우리를 두렵게 하네.
그리고 이 괴물은 어쨌든 기괴망측하니까!

총을 가져와, 칼을 가져와,
아이들과 아내를 지켜라,
우린 우리 마을과 우리의 목숨을 지킬 것이라네,
우린 야수를 죽일 거야!

바로 이장면!*

COGSWORTH   I knew it, I knew it was foolish to **get our hopes up**.

콕스워스 내 이럴 줄 알았지, 기대하는 게 바보짓이라는 걸 알았다고.

LUMIERE   Maybe **it would have been better**❶ if she had never come at all.

뤼미에르 그녀가 애초부터 여기에 오지 않았더라면 오히려 더 좋았을지도 모르겠어.

FOOTSTOOL comes in **barking**. They rush over to the window expecting the return of BELLE.

발 받침대가 짖으며 들어온다. 그들은 벨이 돌아오리라 기대하며 창문으로 뛰어간다.

---

pry 엿보다, 탐색하다, (남의 사생활을) 캐다/캐묻다
comfort 위로하다
contraption (기묘한) 기계
mysterious 이해하기 힘든, 기이한, 불가사의한, 신비에 싸인
get one's hopes up 크게 기대하다, 기대를 걸다
bark (개가) 짖다

❶ **It would have been better...**
···했는 게 나았을 거야.
'It would have + 과거완료 ···'은 '(~했었더라면) 좋았을 텐데'라는 가정법 형식입니다. 이 장면에서는 야수가 실의에 빠져있자 하인들이 '벨이 차라리 안 왔더라면 차라리 나았을 텐데' 하고 아쉬움을 나타낸 것입니다.

LUMIERE	Could it be?	뤼미에르 설마?
MRS. POTTS	Is it she?	포트 부인 그녀인가요?

LUMIERE (Realizing the MOB is not BELLE) **Sacre bleu, invaders!**

뤼미에르 (벨이 아닌 성난 군중이라는 것을 알아보고) 제기랄, 침입자이야!

COGSWORTH Encroachers!

콕스워스 침입자!

MRS. POTTS (Seeing GASTON) And they have the mirror!

포트 부인 (가스통을 보며) 게다가 그들은 마법의 거울을 가지고 있어!

COGSWORTH (Issuing orders) Warn the master. If it's a fight they want, we'll be ready for them. (Turns around from window) Who's with me? Aahh!

콕스워스 (명령을 내리며) 주인님께 알려라. 그들이 원하는 게 전쟁이라면 우리도 마다치 않겠다고. (창문에서 돌아서며) 나를 따를 자 누군가? 아!!

The door is slammed as the rest of the OBJECTS **leave** COGSWORTH **behind**.

콕스워스를 뒤에 두고 나머지 하인들이 모두 떠난 후 문이 쾅 하고 닫힌다.

GASTON Take whatever **booty** you can find, but remember, the beast is mine!

가스통 전리품은 다 가져가도 좋다. 하지만 기억하라. 그 야수는 내 차지야!

Cut to stairway, where OBJECTS are marching down to do battle with the MOB.

계단 장면, 하인들이 폭도들과 전투를 벌이기 위해 행진하고 있다.

OBJECTS Hearts **ablaze**, **banners** high!
We go marching into battle,
Unafraid, although the danger just increased!

하인들 심장을 불태우고, 기를 드높이라!
우리는 전쟁터로 행군한다.
위험이 더욱 커졌지만, 두렵지 않다!

Mob Raise the flag, sing the song,
Here we come, we're **fifty strong**,
And fifty Frenchmen can't be wrong,
Let's kill the beast!

군중 깃발을 올리고, 노래를 불러라.
우리가 나가신다. 우리는 50명에 달한다.
그리고 50명의 프랑스 남자들이 절대 틀렸을 리가 없다.
야수를 죽이러 가자!

Sacre bleu (프랑스어, 감탄사) (놀람이나 행복감) 오 이런, 맙소사, 이야, 와
invader 침략군(국)
encroacher 침입자, 침해자
issue an order 명령을 내리다, 명령을 발포하다
leave someone/something behind ~을 두고 오다, 놓아둔 채 잊고 오다
booty 전리품, 노획물
ablaze 불길에 휩싸인, 불타는 듯한

banner 플래카드, 현수막, 기치
unafraid 두려워하지 않는
숫자 + strong (집단의 수를 나타내는 명사 뒤에 쓰여) ~명의, ~에 달하는

Cut to int of BEAST's lair, where MRS. POTTS is **briefing** him.

MRS. POTTS   Pardon me, master.

BEAST   **Leave me in peace.**

MRS. POTTS   But sir, the castle is **under attack**!

Mob   Kill the beast, kill the beast!

The OBJECTS have tried to **block off** the door, but it is being **bashed in** by the MOB.

LUMIERE   This isn't working!

FEATHERDUSTER   Oh, Lumiere! We must do something!

LUMIERE   Wait! I know!

Mob   Kill the beast, kill the beast!

Cut to BEAST's lair.

MRS. POTTS   What shall we do, master?

BEAST   (Still very sad) It doesn't matter now. Just let them come.

Mob   Kill the beast, kill the beast, kill the beast!!

The MOB **succeeds in breaking in**, and finds a grand entrance filled with **assorted** pieces of furniture, teacups, candlesticks, feather dusters and clocks. They **tiptoe** in, and LEFOU **unknowingly** picks up LUMIERE.

LUMIERE   Now!!!

야수의 방 내부 장면. 포트 부인이 상황을 그에게 브리핑해 주고 있다.

포트 부인   실례합니다. 주인님.

야수   나를 조용히 있을 수 있게 내버려 둬.

포트 부인   하지만 주인님. 성이 공격당하고 있어요!

군중   야수를 죽여라. 야수를 죽여!

하인들이 문을 봉쇄해 버리려 하지만, 폭도들이 두들겨 부수고 있다.

뤼미에르   이대로는 안 되겠어!

먼지떨이   오, 뤼미에르! 뭔가 해야만 할 것 같아요!

뤼미에르   잠시만! 알 것 같아!

군중   야수를 죽여라. 야수를 죽여!

야수의 방 내부.

포트 부인   어찌할까요. 주인님?

야수   (여전히 많이 슬픈 상태로) 이젠 어찌 돼도 상관이 없어. 그냥 들어오게 하게.

군중   야수를 죽이자. 야수를 죽여. 야수를 죽이자!

폭도가 침입하는 데 성공했으나 정문에 찻잔들, 촛대들, 먼지떨이들과 시계들 등의 갖가지 가구들로 채워져 있음을 발견한다. 그들이 까치발로 살금살금 들어오는데, 르푸가 부지중에 뤼미에르를 집어 든다.

뤼미에르   지금이야!!!

---

brief (대비를 할 수 있도록) ~에게 (~에 대해) 알려주다/보고하다
leave a person in peace 남을 방해하지 않다. 조용히 놓아두다
under attack 공격을 받고 있는
block something off (도로나 출입구를) 막다/차단하다
bash something in ~을 두들겨 부수다
succeed in ~에 성공하다
break in (건물에) 침입하다
assorted 여러 가지의, 갖은, 구색을 갖춘

tiptoe 발끝으로 살금살금 걷다
unknowingly 자신도 모르게, 알아채지 못하고

All the objects **spring into life**, attacking their human enemies. Cut back to BELLE's home, where CHIP has readied the invention.

CHIP   Yes! Here we go!

MAURICE looks out from the window and sees the **advancing** axe.

MAURICE **What the devil?** Belle, **look out!**

The invention crashes into the door, and a red cloud of smoke **poofs** out of the basement. BELLE and MAURICE emerge from the **wreckage** to find CHIP swinging on a **loose spring**.

CHIP   **You guys gotta try this thing.**[❶]

모든 하인(물건)들이 급작스럽게 살아나서 움직이며 인간 적들을 공격한다. 다시 벨의 집. 칩이 발명품을 준비시켜 놓았다.

칩 예! 자 갑니다!

모리스가 창문 밖을 보다가 날아오는 도끼를 본다.

모리스 도대체 이게 뭐야? 벨, 조심해!

발명품이 문에 세게 부딪히고 지하실에서 빨간 연기구름이 휙 피어오른다. 벨과 모리스가 잔해에서 나오니 칩이 느슨해진 스프링을 타고 그네 타듯 오르락내리락하고 있다.

칩 이거 다들 정말 꼭 한번 해 봐야 해요.

---

spring into life 활기를 띠다, 소생하다
advance (공격하거나 위협하기 위해) 다가가다, 진격하다
What the devil? 도대체, 뭐 이런! (짜증 · 놀람)
Look out! (특히 위험이 있을 때 경고) 조심해라!
Poof 〈감탄사〉 휙, 팟 (갑자기 사라지는 소리)
wreckage (사고 자동차 · 비행기 등의) 잔해
loose spring 헐거워진/늘어난/풀린 스프링

> ❶ **You gotta try this thing.**
> 너도 이거 꼭 해 봐.
> 상대방에게 자신이 경험했던 정말 재미있는 것, 맛있는 것, 대단한 것을 같이 경험해 보기를 강하게 권유하며 쓰는 표현이에요. '너도 이거 꼭 해봐야 돼'라는 의미이죠.

One Last Time
마지막으로 한 번 더

🎧 29.mp3

Cut back to the castle where the attack continues. Meanwhile, GASTON has **broken off** from the mob, and is **searching out** BEAST. BELLE, MAURICE, PHILLIPE and CHIP are **making their way to** the castle. Finally, the invaders are **chased out** and the objects **celebrate their victory.**

여전히 공격이 계속되고 있는 성 내부 장면. 그러는 동안, 가스통은 폭도 무리에서 떨어져 나와 야수를 찾고 있다. 벨, 모리스, 필립과 칩이 열심히 성으로 달려가고 있다. 마침내, 침략자들이 쫓겨나고 하인들이 그들의 승리를 자축하고 있다.

COGSWORTH And **stay out!**

콕스워스 그리고 꺼져!

LUMIERE pulls over COGSWORTH and kisses him once on each cheek. COGSWORTH shakes it off. Cut to GASTON, who finds BEAST's lair. He raises his **crossbow** and **takes aim.** BEAST looks up at him, then looks back down in sadness again. GASTON releases the arrow and it strikes BEAST in the shoulder. He screams in pain and stands. GASTON **rushes** him and they fly out the window onto the balcony, where it has begun to rain.

뤼미에르가 콕스워스를 잡아당겨 양쪽 볼에 뽀뽀한다. 콕스워스가 몸을 흔들어 떼어낸다. 가스통이 야수의 방을 찾은 장면. 그가 석궁을 들고 겨냥한다. 야수가 고개를 들어 그를 보지만 다시 슬픔에 잠겨 고개를 숙인다. 가스통이 활을 쏘고 그 활이 야수의 어깨에 맞는다. 그는 고통스러워하며 소리치며 일어난다. 가스통이 그를 향해 돌진하고 그들이 같이 창밖으로 날아가 발코니에 떨어지는데 비가 쏟아지고 있다.

GASTON Ha ha ha ha ha!

가스통 하하하하하!

GASTON corners BEAST on the edge of the roof. BEAST simply sits there in despair.

가스통이 야수를 지붕의 모서리로 몰고 간다. 야수는 절망에 빠져 그냥 그곳에 앉아 있다.

GASTON Get up! Get up! What's the matter, Beast? Too kind and gentle to **fight back**?

가스통 일어나! 일어나 봐! 문제 있나, 야수? 대항해서 싸우기엔 너무 착하고 상냥하신 건가?

BEAST looks down ignoring him. GASTON walks into the **foreground** and breaks off a piece of the roof. He **is about to smash** it on BEAST's head when BELLE's voice **drifts** up. She is on the bridge and is yelling to GASTON, telling him to stop.

야수는 그를 무시한 채 아래를 본다. 가스통이 전경으로 걸어 들어가 지붕의 한 부분을 떼어낸다. 그가 그것으로 야수의 머리를 내리치려 하는데 벨의 목소리가 들린다. 그녀가 다리 위에서 가스통에게 멈추라고 소리친다.

BELLE No!

벨 안 돼

---

break off (억지로) 분리되다/갈라지다

search something/someone out ~을 끝까지 찾아내다

make one's way to ~로 나아가다

chase something/someone out ~을 쫓아내다

celebrate one's victory 승리를 축하하다/자축하다

Stay out! 꺼져!

crossbow 석궁

take aim 정조준하다, ~을 겨냥하다

rush 돌진하다, 쇄도하다, 몰아대다, 급히 행동하다

fight back 저항하다, 대항해서 싸우다, 반격하다

foreground 전경, 전면

be동사 + about to do something ~하려는 찰나이다

smash 박살내다, (단단한 것에 세게) 부딪치다/충돌하다

drift (서서히) 이동하다/움직이다

BEAST	(Hearing her voice and giving him new life) Belle.	**야수**	(그녀의 목소리를 듣고 다시 생기를 찾으며) 벨.

BELLE Gaston, don't!

벨 가스통, 안 돼요!

GASTON **swings** down **at** BEAST, but he catches the weapon in his hand. BEAST rises up and roars in GASTON's face. They proceed through a fight on the rooftop. Finally, BEAST takes a hiding place among the **gargoyles** in the darkness. **Meanwhile**, BELLE enters the castle on the ground.

가스통이 야수를 내리치는데 그가 손으로 무기를 막으며 잡는다. 야수가 일어나고 가스통의 얼굴에 포효한다. 그들은 옥상에서 계속 싸움을 한다. 결국, 야수가 어둠 속에서 괴물 석상 사이로 몸을 숨긴다. 그러는 동안, 벨이 성으로 들어온다.

BELLE Let's go, Phillipe!

벨 가자, 필립!

GASTON Come on out and fight! Were you in love with her, beast? Did you honestly think she'd want you when she had someone like me?

가스통 나와서 싸우래! 그녀를 사랑했나, 야수? 넌 정말 그녀가 나같이 멋진 남자와 함께 있으면서 너 같은 놈을 원할 것으로 생각한 거냐?

BEAST has been **provoked** enough. He emerges and they fight again.

야수는 자극을 받았다. 그가 다시 나타나 싸우기 시작한다.

GASTON **It's over,**[1] beast! Belle is mine!

가스통 다 끝났어, 야수 놈아! 벨은 내 거라고!

This time, however, BEAST picks up GASTON by the neck and holds him out over the edge of the roof. GASTON pleads with BEAST.

하지만 이번엔 야수가 그를 목을 잡고 지붕의 모서리 바깥쪽으로 그를 들고 서 있다. 가스통이 야수에게 애원한다.

GASTON **Put me down.** Put me down. Please, don't hurt me! I'll do anything! Anything!

가스통 날 내려줘요. 날 내려달라고요. 제발, 날 해치지 말아요! 뭐든 다할게요! 뭐든지요!

BEAST's anger slowly **melts** off his face, and the look of **compassion** returns. He pulls GASTON back onto the roof.

야수의 분노가 얼굴에서 서서히 사그라들고 동정하는 표정으로 돌아온다. 그가 다시 가스통을 지붕으로 당겨 온다.

BEAST Get out!

야수 꺼져!

He shoves GASTON to the ground. Above, BELLE comes out on a balcony.

그가 가스통을 바닥으로 거칠게 내던진다. 위쪽에서, 벨이 발코니로 나온다.

BELLE Beast!

벨 야수님!

BEAST Belle!

야수 벨!

---

swing at ~을 향해 무엇을 휘두르다

gargoyle 괴물 석상

meanwhile (다른 일이 일어나고 있는) 그 동안에

provoke (특정한 반응을) 유발하다, 화나게/짜증나게 하다, 도발하다

put something down (손에 들고 있던 것을 탁자 등에) 내려놓다

melt (감정 등이) 녹다, 녹이다, 누그러뜨리다

compassion 연민, 동정심

> **[1] It's over.**
> 끝났어.
> 짧고 간결하면서도 아주 유용하게 사용할 수 있는 표현입니다. It's already finished.와 같은 표현이고요. 좋아하는 TV 프로그램이나 공연, 게임(경기) 등이 끝났을 때 쓸 수 있겠죠.

BEAST begins to climb the tower (very much like King Kong) until he reaches the balcony. He hangs over the side.

BEAST   Belle? You came back!

BEAST and BELLE **stare passionately** at each other, but the moment is interrupted when GASTON sneaks up and **stabs BEAST in the back**. BEAST roars in pain, and BELLE is helpless. GASTON pulls the knife out and swings back for another shot. BEAST starts to fall, knocking GASTON off his balance. BELLE reaches forward and pulls BEAST back, while GASTON falls off **never to be seen again**.❶ BELLE helps the injured BEAST up onto the balcony, where he **lies down** on the floor. The OBJECTS come rushing out, but **stay out of sight**.

야수가 탑을 오르기 시작한다 (킹콩과 거의 흡사하게) 발코니에 다다를 때까지, 그가 옆쪽에 매달려있다.

야수   벨? 돌아왔군요!

야수와 벨이 서로를 걱정적으로 쳐다본다. 하지만 가스통이 몰래 나타나 야수의 등에 칼을 꽂으면서 그 순간이 깨진다. 야수가 고통으로 울부짖고 벨은 어쩔 줄 몰라 한다. 가스통이 칼을 뽑아 한 번 더 찌르려고 한다. 야수가 넘어지면서 가스통도 균형을 잃는다. 벨이 앞으로 손을 뻗어 야수를 잡아당기려 하고, 가스통은 떨어져 사라지며 영원히 볼 수 없게 된다. 벨이 상처를 입고 발코니에 누워있는 야수를 돕는다. 하인들이 뛰쳐나오지만, 모습을 드러내지 않는다.

✎ 바로 이 장면!✲

BEAST   You came back.

BELLE   Of course I came back. I couldn't let them... Oh, this is all my **fault**. If only I'd gotten here sooner.

BEAST   Maybe it's better this way.

BELLE   Don't talk like that. You'll be all right. We're together now. Everything's going to be fine. You'll see.

BEAST   At least I got to see you one... last...time.

BELLE pulls BEAST's paw up to her cheek. He holds it there for a second, then drops it. His head falls back, and his eyes close. BELLE drops the paw and puts her hands to her mouth. She can't believe this has happened.

BELLE   (Crying) No, no! Please! Please! Please don't leave me! I love you!

야수   당신이 돌아왔군요

벨   당연히 돌아왔죠. 그들이 그렇게 하게 둘 수는 아, 이 모든 게 다 제 잘못이에요. 제가 조금만 더 일찍 왔더라면.

야수   어쩌면 이렇게 된 게 더 잘된 건지도 모르오.

벨   그렇게 말하지 마세요. 당신은 괜찮을 거예요. 이제 우리가 함께잖아요. 모든 것이 다 괜찮을 거예요. 당신도 알게 될 거고요.

야수   적어도 당신을 볼 수 있었잖소···마지막으로··· 한번 더.

벨이 야수의 손을 그녀의 볼에 가져다 댄다. 그가 그 자세로 잠시 머물러 있다가 손을 떨구고 만다. 그의 머리가 뒤로 젖혀지고 눈이 감긴다. 벨이 그 손을 떨어뜨리고 자기 손을 입으로 갖다 댄다. 그녀는 지금 벌어진 일을 믿을 수 없다.

벨   (울며) 안돼, 안돼! 제발! 제발! 제발 절 떠나지 마세요! 사랑해요!

---

stare 응시하다, 똑바로 뚫어지게 쳐다보다

passionately 열렬히, 격렬하게, 격정적으로

stab someone in the back ~의 뒤통수를 치다, 뒤에서 칼로 찌르다

lie down ~에 눕다, 드러눕다

stay out of sight 보이지 않는 곳에 숨어 있다; 〈명령문〉 꺼져!

fault 잘못, 책임

❶ **never to be seen again**
다시는 볼 수 없었다
'완전히 사라졌다는 것, 곧 죽었다는 것'을 완곡하게 표현했는데, '다시는 모습을 보이지 않았다' '그 이후로 그 누구도 그를 보지 못했다'라는 의미예요. 종종 문장의 뒷부분에 따라온답니다.

Ah, L'amour!
아, 사랑!

🎧 30.mp3

Cut to OBJECTS, who watch the last petal fall off the rose. They all look down at the floor, and COGSWORTH puts his arm around MRS. POTTS. Cut back to BELLE and BEAST. The rain continues to fall. But **one beam of light** falls, like a **shooting star**. Then another comes. And another, and another. BELLE finally notices what is happening. She stops crying for a second, then starts to back away. We cut a fog begins to **enshroud** BEAST. We see the OBJECTS looking on in extreme **anticipation**. BEAST rises up into the air magically and begins to turn. He is **enveloped** in a cloud of light, and becomes wrapped in his cloak. **Underneath**, we can see BEAST's body **shifting** and forming. A **fore** paw comes out and the claws turn into fingers. A **hind** paw emerges and **develops into** a foot. Finally, a wind blows across his face and the fur melts away to reveal a young prince. He gradually descends and is laid on the floor again. The fog disappears and BELLE reaches out to touch him. She **jerks** her hand back, however, when the figure begins to move. It stands, then looks at its hands, then turns to face BELLE. It is a human, with the same blue eyes as BEAST. It is **obviously** BEAST, **transformed**. BELLE gives him a mysterious look.

PRINCE   Belle! It's me!

She continues to look at him **skeptically**, but then she sees the blue eyes, and instantly knows it is him.

BELLE   It is you!

They kiss. A fireworks display **explodes** around them. The gloom surrounding the castle disappears, revealing a blue sky. The castle is transformed, with the gargoyles changing into **cherubs**. Finally, we return to the balcony, where the OBJECTS hop out to meet the PRINCE and BELLE. One by one, they are transformed back to their original human conditions.

하인들이 장미에 마지막 한 떨기 잎이 떨어지는 것을 보는 장면. 그들은 모두 고개를 숙이고 있고 콕스워스가 포트 부인의 어깨에 손을 올린다. 다시 벨과 야수 장면. 비가 계속 내린다. 그런데 한 줄기 빛이 마치 별똥별처럼 떨어진다. 이어서 또 하나, 그리고 또 하나, 또 하나. 벨이 마침내 무슨 일이 일어나고 있는지 깨닫는다. 그녀가 잠시 울음을 멈추고 물러선다. 안개가 야수를 완전히 감싼다. 하인들이 엄청난 기대를 하고 이 장면을 지켜보고 있다. 야수가 마법처럼 공중에 떠오르더니 돌아가기 시작한다. 빛의 구름으로 둘러싸여 있다가 그의 망토에 둘러싸인다. 그 밑으로 야수의 몸이 변하고 만들어지는 것이 보인다. 앞발이 나오며 갈고리 발톱들이 손가락들로 변한다. 뒷발이 나타나고 발로 변한다. 마침내, 바람이 그의 얼굴에 불어 스치더니 털이 녹아 없어지고 젊은 왕자의 얼굴이 보인다. 그가 점점 내려가 다시 바닥으로 안착한다. 안개가 사라지고 벨이 그를 만지려고 손을 내민다. 하지만 그가 움직이기 시작하면서 그녀가 급하게 손을 뒤로 뺀다. 그가 일어서 자신의 손들을 본 후 벨을 향해 몸을 돌린다. 인간이다. 야수와 똑같은 푸른 눈을 가진 인간. 명백히 야수가 변한 것이다. 벨은 신비스러운 듯 그를 바라본다.

왕자 벨 나예요!

그녀가 계속 의심하는 듯한 눈으로 그를 쳐다보지만, 그의 푸른 눈을 보고 즉각적으로 야수라는 것을 알아차린다.

벨 바로 당신이네요!

그들이 키스한다. 그들 주위에 불꽃놀이 폭죽이 터진다. 성을 둘러싸고 있던 어두운 기운이 사라지고 청명하고 푸른 하늘이 보인다. 성이 변했고, 괴물 석상들은 천사들로 변했다. 마침내, 우리는 발코니로 돌아오고 하인들이 왕자와 벨을 맞으러 깡충깡충 뛰어나온다. 하나하나씩 그들도 원래 인간이었을 때의 모습으로 변했다.

---

beam of light 한줄기의 빛

shooting star 유성, 별똥별

enshroud (문예체) (보이지 않게) 완전히 싸다/가리다

anticipation 예상, 예측, 기대

envelope 감싸다, 뒤덮다

underneath ~밑/아래/안에

shift 옮기다, 이동하다, 자세를 바꾸다

fore 앞부분에 위치한, 앞부분의

hind (동물의 다리 · 발을 가리킬 때) 뒤의, 뒤쪽의, 후방의

develop into 다른 것으로 변하다

jerk 홱 움직이다

obviously 명백히, 분명히, 누가 봐도 뻔하게

transform (모습, 성격을) 완전히 바꿔 놓다/탈바꿈시키다

skeptically 회의적으로, 의심스러워 하며

explode 터지다, 폭발하다

cherub 천사 (남자 아이 모습)

PRINCE	Lumiere! Cogsworth! Oh, Mrs. Potts! Look at us!	왕자 뤼미에르! 콕스워스! 오, 포트 부인! 우리 모습을 봐요!

CHIP comes riding in on FOOTSTOOL.

칩이 발 받침대를 타고 온다.

CHIP	Mama! Mama!	칩 엄마! 엄마!

The pair transforms back into a boy and dog.

이 둘 또한 소년과 개로 다시 변한다.

MRS. POTTS	(Picking up her boy) Oh, my goodness!	포트 부인 (그녀의 아들을 들어 올리며) 오 세상에 이런 일이!
LUMIERE	It is a miracle!	뤼미에르 기적이에요!

The PRINCE picks up BELLE and swings her around. The **ruffles** of her skirt wipe to the ballroom, where all are gathered to celebrate. The PRINCE and BELLE dance around the room as the rest of the characters get in their last lines.

왕자가 벨을 안고 빙빙 돈다. 그녀의 치마의 주름 장식이 무도회장을 스치고, 모두가 축하하기 위해 그 자리에 모였다. 왕자와 벨이 춤을 추며 돌고 나머지 인물들도 마지막으로 모두 한자리에 모여 있다.

바로 이 장면!*

LUMIERE	Ah, *l'amour*.	뤼미에르 아, 사랑.

He says this, and a maid, obviously the former FEATHERDUSTER walks by, brushing him on the chin.

그가 이 말을 하고 나니, 시녀, 누가 봐도 전에 먼지떨이였던 여자가 그의 턱을 스치며 지난다.

LUMIERE	Heh heh!	뤼미에르 헤헤!

He starts to chase after her, but COGSWORTH stops him.

그가 그녀 뒤를 쫓기 시작하는데 콕스워스가 그를 막는다.

COGSWORTH	Well, Lumiere, old friend. Shall we let **bygones** be bygones?	콕스워스 있잖아, 뤼미에르, 내 오랜 친구. 우리 지난 일들은 다 과거 일이니 잊어버리는 게 어떨까?
LUMIERE	Of course, **mon ami**. I told you she would break the spell.	뤼미에르 물론이지, 친구. 내가 그랬잖아, 그녀가 마법을 풀 것이라고.
COGSWORTH	I beg your pardon,[1] old friend, but I believe I told you.	콕스워스 지금 뭐라고 했나, 친구. 그건 내가 했던 말 같은데.

ruffles 옷에 달린 주름장식, 러플
l'amour 〈프랑스어〉(여성적) 사랑
bygones 과거사, 과거의 일
mon ami 〈프랑스어〉 자네, 당신 (남편·친구 등을 부르는 말)

> **❶ I beg your pardon.**
> 뭐라고 했나요?
> I beg your pardon.은 두 가지 의미가 있습니다. 정중하게 '죄송합니다(미안합니다)'라는 의미와 '다시 한 번 더 말해 주시겠어요?'가 있는데, 이 장면에서는 두 번째 의미로 쓰였죠. 정말 못 들어서가 아니라 엉뚱한 소리에 약간 비꼬는 뉘앙스가 담겼답니다.

LUMIERE	No, you didn't. I told you.	뤼미에르 아니야. 네가 그런 게 아니야. 내가 너에게 얘기해 준 거라고.
COGSWORTH	You most certainly did not, you **pompous parrafin-headed pea-brain!**	콕스워스 절대 네가 그렇게 하지 않았다니까. 이 거만한 파라핀으로 찬 머리를 가진 얼간이!
LUMIERE	**En garde**, you **overgrown pocket watch!**	뤼미에르 싸울 준비 해라. 덩치만 큰 회중시계 놈아!

He takes off his glove and **slaps** COGSWORTH **across the face** with it. They begin to fight. Cut to BELLE and the PRINCE who continue to dance around the floor. The camera stops on MRS. POTTS, CHIP and MAURICE, who is beginning to cry.

그가 그의 장갑을 벗어 그것으로 콕스워스의 얼굴을 찰싹 때린다. 그들이 싸움을 시작한다. 벨과 왕자가 계속해서 춤을 추는 장면. 카메라가 눈물을 흘리는 포트 부인, 칩, 그리고 모리스를 비춘다.

CHIP	Are they gonna **live happily ever after,** mama?	칩 그들은 영원히 오래오래 행복하게 살까요. 엄마?
MRS. POTTS	Of course, my dear. Of course.	포트 부인 물론이지, 얘야. 물론이지.

CHIP	(Looks happy for a moment, then puzzled.) Do I still have to sleep in the cupboard?	칩 (잠시 행복해 보이다가 헷갈리는 표정을 지으며) 저 아직도 찬장에 들어가서 자야 하나요?

MAURICE laughs and MRS. POTTS hugs her child and laughs. Cut to a camera looking over the entire ballroom with all in the shot. It slowly zooms out with BELLE and the PRINCE dancing around the room, and fades into the final stained glass window, this one with BELLE and the PRINCE in the center, surrounded by the rest of the characters.

모리스가 웃고 포트 부인이 아이를 안아주며 웃는다. 카메라가 무도회장 전체를 담아서 보여준다. 그러다가 벨과 왕자가 춤을 추는 장면을 줌아웃하면서 작게 보여주고, 마지막으로 스테인드글라스에 초점을 맞추는데 그 창문의 중심에 벨과 왕자의 모습이 있고 그 주변을 나머지 등장인물들이 둘러싸고 있다.

CHORUS	Certain as the sun, Rising in the east, Tale as old as time, song as old as rhyme, Beauty and the beast!	코러스 햇살처럼 확실한, 동쪽 하늘에서 떠오르는, 시간 속에 흘러온 오래된 이야기, 시처럼 오래된 노래, 미녀와 야수!
	Tale as old as time, song as old as rhyme, Beauty and the beast!	시간 속에 흘러온 오래된 이야기, 시처럼 오래된 노래, 미녀와 야수!

Fade out into credits. The end.

점점 흐려지며 엔딩 크레딧이 올라간다. 끝.

---

pompous (특히 어렵고 격식을 차리는 말을 쓰며) 젠체하는/거만한
paraffin 파라핀, 등유
-headed 머리가 ~한, ~머리의
pea-brain 바보, 얼간이
En garde 〈감탄사〉 (펜싱) 준비! (시합 직전 주심이 선수에게 하는 명령)
overgrown 너무 커진, 과도하게 큰, 비대한
pocket watch 회중시계
slap someone across the face 뺨을 때리다

live happily ever after 〈왕자와 공주가 등장하는 동화의 마지막 장면에서 주로 쓰는 표현〉 오래오래 행복하게 살았답니다

30장면으로 끝내는
스크린 영어회화 - 모아나

강윤혜 해설 | 332면 | 18,000원

구성
· 전체 대본
· 훈련용 워크북
· mp3 CD

국내 유일! 〈모아나〉 전체 대본 수록!

역대급 호평! 〈주토피아〉, 〈겨울왕국〉 사단의 2017년 야심작!
〈모아나〉의 30장면만 익히면 영어 왕초보도 영화 주인공처럼 말할 수 있다!

난이도	첫걸음 | 초급 중급 | 고급	기간	30일
대상	영화 대본으로 재미있게 영어를 배우고 싶은 독자	목표	30일 안에 영화 주인공처럼 말하기

30장면으로 끝내는
스크린 영어회화 – 도리를 찾아서

국내 유일!
전체 대본 수록

구성
· 전체 대본
· 훈련용 워크북
· mp3 CD

강윤혜 해설 | 408면 | 18,000원

국내 유일! 〈도리를 찾아서〉 전체 대본 수록!

〈니모를 찾아서〉의 흥행 신화를 잇는 픽사 30주년 기념작!
〈도리를 찾아서〉의 30장면만 익히면 영어 왕초보도 영화 주인공처럼 말할 수 있다!

난이도	첫걸음	초급 중급	고급

기간 30일

대상 영화 대본으로 재미있게
영어를 배우고 싶은 독자

목표 30일 안에
영화 주인공처럼 말하기